Rodney Huddleston
Geoffrey K. Pullum

「英文法大事典」シリーズ

【編集委員長】畠山雄二
【監訳】藤田耕司・長谷川信子・竹沢幸一

0

The Cambridge Grammar of the English Language

英文法と統語論の概観

本田謙介
深谷修代
長野明子
［訳］

開拓社

The Cambridge Grammar of the English Language

by Rodney Huddleston and Geoffrey K. Pullum

Copyright © Cambridge University Press, 2002
Japanese edition © Yuji Hatakeyama et al., 2017

Japanese translation rights arranged with
the Syndicate of the Press of the University of Cambridge, England
through Tuttle-Mori Agency, Inc., Tokyo.

『英文法大事典』の刊行にあたって

　英語をネタにして生計を立てている人の間で 'CGEL' といったら 2 つの
ものが思い浮かべられるであろう．*A Comprehensive Grammar of the
English Language*（Quirk et al.（1985））と *The Cambridge Grammar of
the English Language*（Rodney Huddleston and Geoffrey K. Pullum
(2002)）である．'CGEL' と聞いてこの 2 つが思い浮かべられないような人
はモグリの英語ケンキュウシャといってもいいであろう．それぐらい，この
2 つの CGEL は英語をネタにして生計を立てている人（すなわち英語の教
育者ならびに研究者）の間ではバイブル的な存在になっている．ちょうど，
ちゃんと受験英語をやった人にとって『英文法解説』（江川泰一郎）が受験
英語のバイブル的参考書であるように．

　さて，この 2 つの CGEL であるが，*The Cambridge Grammar of the
English Language* は，*A Comprehensive Grammar of the English Lan-
guage* を踏み台にしてつくられている．踏み台とされた *A Comprehensive
Grammar of the English Language* であるが，これはすでに一定の，そし
て非常に高い評価を受けており，英文法の「標準テキスト」となっている．
しかし，*The Cambridge Grammar of the English Language* の編者の 1 人
である Huddleston が，*Language*, Vol. 64, Num. 2, pp. 345–354 で同書を評
論しているように，*A Comprehensive Grammar of the English Language*
（Quirk et al.（1985））には少なくない，しかも深刻な問題がある．

　Huddleston のいうことをそのまま紹介すれば，*A Comprehensive Gram-
mar of the English Language*（Quirk et al.（1985））は 'It will be an indis-
pensable sourcebook for research in most areas of English grammar. Nev-
ertheless, there are some respects in which it is seriously flawed and
disappointing. A number of quite basic categories and concepts do not

iii

seem to have been thought through with sufficient care; this results in a remarkable amount of unclarity and inconsistency in the analysis, and in the organization of the grammar. (CGEL(Quirk et al. (1985)) は英文法を学ぶにあたり，ほとんどの分野において，今後なくてはならない，そして何か調べたいときはまず手にしないといけないものとなるでしょう．でも，CGEL (Quirk et al. (1985)) には看過できないミスや読んでいてガッカリするところがあります．かなり多くの基本的な文法範疇や概念が精査された上で使われているとは思えないところがあるのです．そして，その結果，分析にかなり多くの不明瞭さや不統一が見られ，英文法全体の枠組みもぼんやりして一貫性のないものになってしまっているのです）' なのである（同評論 p. 346 参照）．

A Comprehensive Grammar of the English Language (Quirk et al. (1985)) を批判した Rodney Huddleston が Geoffrey K. Pullum といっしょにつくった本，それが The Cambridge Grammar of the English Language (Rodney Huddleston and Geoffrey K. Pullum (2002)) である．このような経緯からもわかるように，The Cambridge Grammar of the English Language は A Comprehensive Grammar of the English Language を凌駕したものとなっている．The Cambridge Grammar of the English Language がまだ刊行されていない段階で A Comprehensive Grammar of the English Language が世界最高峰の英文法書であったように，The Cambridge Grammar of the English Language が刊行され，それを凌駕する英文法書がいまだ出ていない今日，The Cambridge Grammar of the English Language が今ある世界最高峰の英文法書であるといっても過言ではない．

さて，そのような世界最高峰の英文法書 The Cambridge Grammar of the English Language (Rodney Huddleston and Geoffrey K. Pullum (2002)) であるが，編者の Rodney Huddleston と Geoffrey K. Pullum は，ともに，広い意味での生成文法学派の研究者である．ただ，Huddleston はもともと Halliday 派の機能文法の研究者であったし，Pullum は一般化句構造文法

（GPSG）の創始者の 1 人でもある．このことからわかるように，*The Cambridge Grammar of the English Language* は生成文法系の編者によってつくられてはいるものの，言語をさまざまな観点から眺められる，そういったバランスのとれた編者によってつくられている．誰が読んでも，そしてどんな立場の人が読んでも，さらに素人ばかりでなくプロが読んでもいろいろ学べる世界最高峰の英文法書，それが *The Cambridge Grammar of the English Language* なのである．

　上で触れたように，*The Cambridge Grammar of the English Language* は生成文法的なバックボーンとツールを用いて書かれている．しかし，あくまで英語という言語の記述がメインでテクニカルな説明はなされていない．生成文法や機能文法，そして認知言語学や一般化句構造文法などすべての現代言語学の文法理論を通してどれだけ英語を記述できるか，そしていかにして英語の真の姿に向き合えるか，そのような目的をもって書かれたものが *The Cambridge Grammar of the English Language* だともいえる．

　The Cambridge Grammar of the English Language では，これまで生成文法などで等閑視されてきた言語事実がたくさん紹介されている．たとえば，いわゆる破格文がいろいろ紹介されているが，文法から逸脱したこのような文をいかに分析したらいいか，生成文法をはじめ認知言語学や機能文法，そして一般化句構造文法（GPSG）の後継者である主辞駆動句構造文法（HPSG）にとって大きな課題となるであろう．このように，*The Cambridge Grammar of the English Language* では破格文をはじめ，いわゆる規範文法を否定する例がたくさん紹介されているが，その意味でも，*The Cambridge Grammar of the English Language* は規範文法だけでなく理論言語学にも非常にチャレンジングなものとなっている．

　本気で英語を勉強したり，真摯に英語に向き合ったり，さらには英語学を極めようと思っている人にとって避けては通れない本，それが *The Cambridge Grammar of the English Language* であるが，原著を読んだことがある人ならわかるように，かなり骨の折れる本である．骨が折れる理由は 2

vi

つある．1つは分量である．1860ページあり，しかも重量が3.1kgもある．これだけの分量を読むのは文字通り骨が折れる．

残るもう1つの骨が折れること，それは，*The Cambridge Grammar of the English Language* の英文と内容のレベルの高さである．*The Cambridge Grammar of the English Language* が英語ネイティブを読者として想定していることもあり，英語非ネイティブのためにやさしい英語を使って書かれてはいない．さらに内容もいっさい妥協せずクオリティの高いものになっている．ことばをことばで説明するというメタ言語的な内容も多いだけに，高度な英文読解力と論理的思考力が読み手に要求される．

骨を2つ折らないと *The Cambridge Grammar of the English Language* は読むことができない．暇人ならともかく，そしてかなり高い英語力がある人ならともかく，英語にあまり自信のない人が膨大な時間をかけて骨を2本も折るのはかなり酷なことである．そもそも，骨を2本折ったところで正しく読めていないのであればそれこそ骨折り損というものである．

そこで，皆さんの代わりに骨を折ってやろう！ということで刊行されたのが本シリーズ『英文法大事典』全11巻である．本シリーズを刊行するにあたり，合計104本の骨が折られることになった．つまり，本シリーズ『英文法大事典』全11巻を刊行するにあたり，総勢52名の方に参戦していただくことになった．

The Cambridge Grammar of the English Language を完訳するという無謀とも思えるプロジェクトに参加して下さった52名の方々には心から感謝する次第である．まず，監訳者の藤田耕司氏と長谷川信子氏，そして竹沢幸一氏の3氏に心から感謝申し上げる．各氏の厳しい原稿チェックがなければこれほどハイクオリティのものを世に出すことはできなかった．ちなみに，本シリーズはどの巻も10回以上のチェックを経た後に刊行されている．

各巻の責任訳者にも感謝申し上げたい．各巻のタイトルならびに責任訳者は次のとおりであるが，各巻の共訳者をうまくとりまとめていただいた．

第 0 巻『英文法と統語論の概観』（本田謙介）原著 1 章と 2 章の翻訳

第 1 巻『動詞と非定形節，そして動詞を欠いた節』（谷口一美）原著 3 章
と 14 章の翻訳

第 2 巻『補部となる節，付加部となる節』（木口寛久）原著 4 章と 8 章
の翻訳

第 3 巻『名詞と名詞句』（寺田寛）原著 5 章の翻訳

第 4 巻『形容詞と副詞』（田中江扶）原著 6 章の翻訳

第 5 巻『前置詞と前置詞句，そして否定』（縄田裕幸）原著 7 章と 9 章
の翻訳

第 6 巻『節のタイプと発話力，そして発話の内容』（松本マスミ）原著
10 章と 11 章の翻訳

第 7 巻『関係詞と比較構文』（岩田彩志）原著 12 章と 13 章の翻訳

第 8 巻『接続詞と句読法』（岸本秀樹）原著 15 章と 20 章の翻訳

第 9 巻『情報構造と照応表現』（保坂道雄）原著 16 章と 17 章の翻訳

第 10 巻『形態論と語形成』（今仁生美）原著 18 章と 19 章の翻訳

いうまでもなく，各巻の訳者の方たちにも心から感謝申し上げる．根気と集
中力と体力と知力のいる翻訳作業，本当にご苦労さまでした．そして，この
巨大プロジェクトに参加してくださり，ありがとうございました．

　最後になるが，開拓社の川田賢氏に心から感謝申し上げる次第である．訳
者の人選など，そして本つくりのプロセスなど，すべて私のやりたいように
やらせてもらった．気持よく仕事をやらせてくれた川田氏の懐の深さに感謝
する次第である．

　なお，本シリーズ『英文法大事典』は *The Cambridge Grammar of the
English Language* の完訳ということもあり，読者の利便性を考えて意訳し
ながらも，原著を忠実に訳しています．原著の例文には，ところによって，
タブー語やののしり語などの表現が含まれている場合もありますが，これも
英語という言語の特徴的な部分でもあり，それらも忠実に訳しています．読

viii

者諸氏にはこの点どうぞご理解いただければと思います.

　読者諸氏には，ぜひ，本シリーズ『英文法大事典』全11巻を通読していただき，世界最高峰の英文法書 *The Cambridge Grammar of the English Language* (Rodney Huddleston and Geoffrey K. Pullum (2002)) を堪能していただきたい. そして，英語の教育と研究に大いに役立てていただきたい.

編集委員長　畠山　雄二

第 0 巻 英文法と統語論の概観

ま え が き

本巻は，*The Cambridge Grammar of the English Language* (CGEL) の第
1 章 (Preliminaries) と第 2 章 (Syntactic overview) を翻訳したものである．
CGEL は総ページ数が 1860 ページもある大著であるが，本巻は CGEL の
全体像を鳥瞰する役割をはたしている．

　日本では近年，英文法を軽視する傾向がますます強まってきているように
感じられる．大学や高等専門学校（高専）などの高等教育機関では，「グロー
バル化」や「アクティブラーニング」を旗印として，英文法よりもむしろ「使
える英語」が重要視されている．また，ビジネスの社会に目を向けても，英
語をコミュニケーション上の「ツール」としてだけ捉えているようである．

　しかし，そもそも「使える英語」とは一体どのような英語を指すのだろう
か．また，「ツール」の仕組み，つまり英語の仕組みを，英語を話す人なら
皆きちんとわかって話しているのだろうか．「使える」とか「ツール」などと
軽々しくいう前に，私たちには英語について知らなくてはならない重要なこ
とがたくさんあるのではないだろうか．

　ここで，当たり前のことをあえて述べさせていただくが，英語でのコミュ
ニケーションが成り立つためには，話し手と聞き手，あるいは書き手と読み
手の間に《英語の約束事》が共有されていなければならない．《英語の約束
事》とは，すなわち英文法のことであり，英文法が共有されていなければ英
語でのコミュニケーションが成り立つはずがない．世の中には，《英語の約
束事》から外れている，いわゆる「ブロークン（な英語）」というものがある．
「ブロークン」を話している人のなかには，「ブロークンだけでコミュニケー
ションは成り立つ」と豪語する人もいる．しかし，そのような人は，実は，
コミュニケーションが成り立っていると「単に勘違いしているだけ」なので

ix

ある.

　本シリーズは, 学生や英語教育関係者はもちろんのこと, 「使える英語」だとか「ツール」などといっている人, または「ブロークン」を推奨する人たちにもぜひ読んでいただきたい. 本巻を読むだけでも, 英語ということばのもつ《多様性》と《規則性》が実感できるはずである.

　本巻を訳出するにあたってとくにこだわったのは, 内容の正確さはもとより, 日本語の読みやすさである. 本巻第 I 部担当の深谷修代氏と第 II 部担当の長野明子氏には, 読みやすい日本語になるようにお願いした. そして, その期待に見事応えてくださった. 仕上がってきた下訳を, 今度は深谷氏と長野氏, そして本巻の責任訳者を含めた 3 人でチェックし合い議論を重ねた. そのうえで, さらに 3 人の監訳者ならびに編集委員長による文字通り厳しいチェックを受けた. それからまた修正を何度も繰り返して, ついに最終稿が完成した. これだけ厳しいチェックを通過しても, 思わぬミスがまだ残っているかもしれない. ミスがあるとすれば, 当然のことながら, すべての責任は本巻の責任訳者である本田にある.

　最後になるが, 本巻を皮切りにして, 多くの人に本シリーズの全巻を読んでいただきたい. 読者のみなさまに英語のもつ広がりと奥行きの深さの両方を感じとってもらいたい. そして, 読み終わった後, これまで以上に英語の世界に興味をもっていただけたとしたら, 訳者としてはこの上ない喜びである.

第 0 巻責任訳者　本田　謙介

第 0 巻　英文法と統語論の概観

目　　次

『英文法大事典』の刊行にあたって　　iii
まえがき　　ix
例の提示に関する但し書き　　xiv

第 I 部　英文法の概観
Geoffrey K. Pullum and Rodney Huddleston

第 1 章　本シリーズのねらい ‥‥‥‥‥‥‥‥‥‥‥‥‥‥‥‥‥‥‥‥‥‥　2

第 2 章　規範主義，伝統，そして文法の正当化 ‥‥‥‥‥‥‥‥‥‥　10
　2.1　規範的アプローチと記述的アプローチ：目的と対象範囲 ‥‥‥‥‥‥　10
　2.2　記述的アプローチと規範的アプローチの意見の不一致 ‥‥‥‥‥‥‥　13

第 3 章　話し言葉と書き言葉 ‥‥‥‥‥‥‥‥‥‥‥‥‥‥‥‥‥‥‥‥　25
　3.1　発音の表示体系 ‥‥‥‥‥‥‥‥‥‥‥‥‥‥‥‥‥‥‥‥‥‥‥　28
　　3.1.1　r 音なまりと非 r 音なまり ‥‥‥‥‥‥‥‥‥‥‥‥‥‥‥‥　29
　　3.1.2　変種に中立的な音韻表示 ‥‥‥‥‥‥‥‥‥‥‥‥‥‥‥‥‥　32
　3.2　発音とつづり ‥‥‥‥‥‥‥‥‥‥‥‥‥‥‥‥‥‥‥‥‥‥‥‥　37

第 4 章　理論的枠組み ‥‥‥‥‥‥‥‥‥‥‥‥‥‥‥‥‥‥‥‥‥‥　40
　4.1　記述と理論 ‥‥‥‥‥‥‥‥‥‥‥‥‥‥‥‥‥‥‥‥‥‥‥‥‥　40
　4.2　統語論における基本概念 ‥‥‥‥‥‥‥‥‥‥‥‥‥‥‥‥‥‥‥　43
　　4.2.1　構成素構造 ‥‥‥‥‥‥‥‥‥‥‥‥‥‥‥‥‥‥‥‥‥‥‥　44
　　4.2.2　統語範疇 ‥‥‥‥‥‥‥‥‥‥‥‥‥‥‥‥‥‥‥‥‥‥‥‥　46
　　4.2.3　文法構造と文法機能 ‥‥‥‥‥‥‥‥‥‥‥‥‥‥‥‥‥‥‥　50

xi

xii

4.3 形態論：屈折形態論と語彙形態論 ················· 57
4.4 文法概念の定義 ································ 61

第5章 意味論，語用論，そして意味関係 ··············· 73

5.1 真理条件と論理的含意 ························· 74
5.2 文の意味の非真理条件的側面 ··················· 78
5.3 語用論と会話の推意 ························· 82
5.4 語用論的前提 ······························ 88

第 II 部 統語論概観
Rodney Huddleston

第1章 文と節 ································· 94

第2章 基本節と非基本節 ························· 98

第3章 動　詞 ································· 108

第4章 補部となる節 ····························· 116

第5章 名詞と名詞句 ····························· 122

第6章 形容詞と副詞 ····························· 130

第7章 前置詞と前置詞句 ························· 133

第8章 付加部となる節 ··························· 136

第9章 否　定 ································· 139

第10章 節のタイプと発話力 ······················· 145

xiii

第 11 章　内容節と引用話法 ･････････････････････････････････････　148

第 12 章　関係節と非有界的依存関係 ･･･････････････････････････　151

第 13 章　比較構文 ･･･　154

第 14 章　非定形節と動詞を欠いた節 ･･･････････････････････････　157

第 15 章　等位と補足 ･･･　161

第 16 章　情報パッケージ ･･･････････････････････････････････････　164

第 17 章　直示と照応 ･･･　170

文献情報：もっと知りたい人のために ･･････････････････････････　173

参考文献 ･･･　185

索　　　引 ･･･　197

原著者・編集委員長・監訳者・訳者紹介 ･･･････････････････････　202

例の提示に関する但し書き

太字イタリック体：屈折形態素を取り除いた語彙素を表している．
　例）動詞 *go*

二重引用符：意味や命題を表している．

一重下線・二重下線と角カッコ：例文の一部を強調している．

スモールキャピタル：焦点ストレスを表している．
　例）I DID tell you.

矢印：↗は上昇ピッチのイントネーションを示し，↘は下降ピッチのイントネーションを表している．
　例）Is it a boy ↗ or a girl ↘?

＿＿：文中の空所を表している．
　例）Kim bought ＿＿.

・：語中の形態論的な区切りないし構成素を表している．
　例）work・er・s, 接尾辞・s

下付き文字：照応語とその先行詞の関係を表している．
　例）Jill$_i$ said she$_i$ would help. では，she は Jill を指していること表している．

xiv

例文を解釈するにあたっての文法性を以下の記号で表している.

  * 非文法的   例）*This books is mine.

  # 意味的ないし語用論的に変則的   例）#We frightened the cheese.

  % ある方言でのみ文法的   例）%He hadn't many friends.

  ? 文法性が疑わしい   例）?Sue he gave the key.

  ! 非標準的   例）!I can't hardly hear.

スラッシュ記号：選択肢の区切りを表している.

  例）The picture seemed excellent/distorted. は The picture seemed excellent. と The picture seemed distorted. の2例をまとめた書き方となっており，I asked you not to leave/*to don't leave until tomorrow. は I asked you not to leave until tomorrow. と *I asked you to don't leave until tomorrow. をまとめた書き方になっている．選択肢が1語である場合を除き，スラッシュの前後にはスペースを置いている.

丸カッコ：随意的な要素を表している.

  例）The error was overlooked (by Pat). は The error was overlooked by Pat. と The error was overlooked. の2例をまとめた書き方になっている.

会話中の A や B：異なる話者を示している.

  例）A: Where's the key?　B: It's in the top drawer.

専門家向けの解説：

  研究者向けの解説はフォントをゴシック体にして網をかけている．この部分は本文の分析を支持する言語学的な議論となっている．読み飛ばしても本文の流れを理解する上で支障はない.

第I部

英文法の概観

第1章　本シリーズのねらい

本シリーズ『英文法大事典』は，現代標準英語の解説書である．英語の語，句，節，文の構造にはどのような規則がかかわっているのか詳しく説明していく．もう少し具体的ないい方をすれば，特殊な目的ではなく一般的な目的で世界的に使用されている英語について，現代標準英語に焦点を当てながら，共時的ならびに記述的なアプローチから英文法を扱っていく．

■共時的記述（synchronic description）と通時的記述（diachronic description）

言語は，共時的または通時的に記述することができる．たとえば，ある言語を**共時的**（synchronic）に記述するというとき，私たちは時空間に広がる言語の一時点に注目している．それはスナップ写真のように，ある時点における言語を捉えている．それに対して，**通時的**（diachronic）（史的）に記述するというとき，歴史的変遷に沿って言語を捉えている．英語は 1,000 年以上もの長い歴史があるが，本シリーズでは歴史的変遷に沿って英語の変化を詳しく扱うことがねらいではない．ただし，史的発達的に興味深く，現代英語を理解する上で重要な用法については，限定的ではあるがとり上げていくこととする．

第1章　本シリーズのねらい　　　3

　当たり前のことであるが，いついかなる瞬間にも私たちの社会は，0歳か
ら100歳くらいまでの幅広い年齢層で構成されている．したがって，ある特
定の日をとり上げて，その日の英語の特徴を述べることはできない．たとえ
ば，今日話されている英語といっても，それを20世紀末に学んだ人もいれ
ば初頭に学んだ人もいる．本シリーズでは主に，20世紀半ば以降に書かれ
た散文を事例として出しながら，英文法の重要事項を説明していく．20世
紀半ば以前の英語については，当該用法が現代英語まで受け継がれている場
合に限定して使用する．文法変化が明らかに確認できる場合であっても，英
語がどのように変化したのかというプロセスを重点的に扱うことはしない．
本シリーズでは一貫して，英語の現在の状態に主眼を置いて記述する．

■記述（description）と規範（prescription）

本シリーズの目的は，人々が実際に使用する現代英語を**記述する（describe）**
ことであって，このように話すべき，または書くべきという**規範（規則）を
提示する（prescribe）**ことではない．現代英語の語および文の構造を支配
している規則について，具体例を提示しながら説明していく．ただし断って
おくが，ある特定の用法を読者の皆さんに推奨したり，または，使わないよ
うに強要したりすることはしない．また本シリーズは，英語を使用する際の
手助けとなることを願っているが，文体や用法のガイドブックとして書かれ
たものでもない．ある表現が広範囲に確認されるという記述があったとして
も，読者の皆さんにそれを押しつけることはしない．また本シリーズを読み
進めていくと，つぎのような記述があるのも確かである．

- ・いくつかのタイプに該当する文はめったに使用されない．
- ・用法事典，コラムニスト，英語教師は，上述のようなめったに使用さ
  れない用法を推奨しない．
- ・ある語の形には通常，くだけた文体のみで使われるものがある．
- ・ある語の形には，改まった文体に限定して使われるものもある．

4　　　　　　　　第Ⅰ部　英文法の概観

ただし，このような記述があるからといって，推奨されないとされる用法を
使わないように押しつけることはしない．また，英語を話したり，書いたり
する際の正しいとされる用法を強要したりすることもない．本シリーズは，
そういった判断に共通する背景，つまり言語体系そのものを記述することを
目的としている．

■ 一般的な目的（general-purpose）と特殊な目的（special-purpose）

本シリーズでは，**特殊な目的（special-purpose）** で使用される用法につい
て重点的に扱うことはしない．たとえば，新聞の見出し語（Man bites dog,
arrested（犬噛み男逮捕））や道路標識（EXIT ONLY THIS LANE（出口専用車
線））に代表される用法には，独自の省略スタイルがある．そのほか看板な
どで使用される英語も同様である．このように特殊な状況に限定して使用さ
れる用法については，本シリーズでは網羅的に解説することはしない．化学
式，電話番号，e-mail アドレスなどの特殊な表記法についても本シリーズ
では扱わない．さらに，詩，紋章の記述，科学論文，化合物の名称，コン
ピュータ用語，数学の証明なども同様である．詳しくみれば，このような特
殊な目的で使用される用法には，特有の文法パターンがあるかもしれない
が，限られた文脈で使用される用法で話がそれてしまわないよう，通常は除
外して議論を進める（訳者注 1 参照）．

---

　　1 訳者注：新聞の見出し語には，いくつかのルールがある．動詞に関するルールを中心
に簡単に紹介する．
　　（i）　過去の出来事も現在形で表記する．
　　　　　Prime Minister Abe Visits U.S.（安倍首相，訪米）
　　（ii）　「to＋動詞原形」で未来の出来事を表す．
　　　　　Prime Minister Abe to visit U.S.（安倍首相，訪米へ）
　　（iii）　Be 動詞は省略される．
　　　　　April trade surplus down 5%.（4 月貿易黒字，5%減）
　　（iv）　過去分詞は受け身を表す．
　　　　　Boy arrested for murder.（少年，殺人で逮捕）
動詞に関するルールのほかに，冠詞，句読法（コロンなどの使い方）に関するものなども

■現代英語（Present-day English）とそれ以前の英語

英語史の専門家によると，近代英語（Modern English）は一般的に，1776年から現在にいたる英語と定義される．ただし，近代英語を2つの時期に分けて後半の時期の英語（たとえば，第二次世界大戦以降）を現代英語（Present-day English）とよぶこともできる．ことばは常に変化しており，近代英語やここ半世紀の英語に限定しても，文法の変化が観察される．ただし，本シリーズの主たるねらいは冒頭でも述べたように，現代英語の中でも標準英語とよばれる英語を記述することである．その例として，英語の代名詞体系について，親称と敬称の二人称代名詞との間には対比はないものとして扱う．つまり，現代英語では親称 thou と敬称 you の区別はしていないので，thou については言及することはしない（訳者注[2]参照）．ただし，thou を使用すると誤りであるといっているのではない．たとえば，演劇や祈祷では thou が依然として用いられている．また，クエーカー教徒が使用する古風な言い回しの中にも thou が登場する．今日でもみられる thou の用法は，本シリーズで紹介するような一般的な目的で使われる標準英語ではなく，特殊な目的で使用されている．そして，そのような場合には，現代英語でも thou が許容される場合があるということである．

ある．（『毎朝15分ジャパンタイムズを読むコツ The Japan Times PLUS』(http://club.japantimes.co.jp/special/jt/) より一部引用．)

[2] 訳者注：親称とは，家族や友人などの親しい相手に対して使用する二人称代名詞をいう．それに対して，敬称とは，はじめて会うときなど改まった場面で使用される二人称代名詞をいう．ドイツ語やフランス語では，親称と敬称の区別がある．以下にドイツ語の例をあげる．

   (i)   Wie alt bist du?　［親称］
        （君はいくつなの？）

   (ii) Was Machen Sie?　［敬称］
        （あなたのお仕事は何ですか）

（河野英二（2010: 61）『ドイツ語をはじめよう！』）

■文法（grammar）とそれ以外の部門

文法（grammar）とは，語，句，節，文の形式と意味が結びついた規則の体系である．このような性質のため，文法はほかの部門から独立しているのではなく，お互いに密接に関連しあって1つの言語体系をなしている．ほかの部門とは，**音韻論（phonology）**（音を扱う部門），**書記学（graphology）**（つづりや句読点などを扱う部門），**レキシコン（lexicon）**（辞書），**意味論（semantics）**をいう．

　上記の各部門のうち本巻では，音韻論と書記学について重点的に扱うことはしないが，第10巻では屈折を記述する際に音韻論を扱う（第1部第3章では，第10巻で用いられる概念を導入する）．さらに第8巻では，句読法という重要な体系を概略しながら，書記体系の1つの側面を扱っていく．

　レキシコンは語彙を扱う部門である．レキシコンには，**語彙項目（lexical item）**に関する情報が記載されるが，当該語彙項目の発音，つづり，意味，文法特性の情報が含まれる．なお語彙項目とは，1つの語，または複数の語から構成されて特別な意味をもつイディオムをいう．

　意味論は，慣習的な言語的意味を扱う部門であり，本シリーズでは，レキシコンと文法の両方にまたがって影響を及ぼすと考える．つまり，辞書的意味を扱う**語彙的意味論（lexical semantics）**と**文法的意味論（grammatical semantics）**を区別して扱う．また，本シリーズでは意味の説明は簡略的ではあるが，意味論と**語用論（pragmatics）**を区別していく．意味論はコンテクスト（文脈）とは関係なく，言語体系によって決定される文や語の意味を扱う領域で，語用論はある特定のコンテクストで，文がどのように使用され，解釈されるかを扱う領域である．

　文法自体，**統語論**と**形態論**の2つの部門に分類できる．統語論では，語がどのように組み合わさって，句，節，文が形成されるのかという仕組みを扱う．形態論では語形成とよばれる語をつくるプロセスを扱う．両部門ともに，**語（word）**が重要な働きをしていると考えるが，これはレキシコン，音韻論，書記学においても同様である．

第1章 本シリーズのねらい

■標準英語（Standard English）と非標準英語（Non-standard English）

繰り返しになるが，本シリーズでは現代標準英語を扱う．ただし，現代英語と一言でいってもさまざまな変種があるため，何をもって標準英語とみなすかは難しい．しかし，ここでは，政府，教育，放送，新聞，娯楽，公共の場面などで英語が使用される国々において，広範に認められる英語を標準英語とみなす．

英語が第1言語ではない国も含めると，現在のところ何十カ国にも及ぶ国で英語が使用されている．そして，英語はつぎにあげるようにさまざまな場面で用いられている．

・本，雑誌，新聞，広報などの印刷物
・ラジオ，テレビの放送
・映画，演劇，詩など
・スピーチ，講演，政治演説，声明文，式典，宣伝など

このような場面で，英語が使われる国では人々が使うべきふさわしい英語に関して，誰もが基本的に認める一致した見解がある．話し言葉では，公共広告，声明，国葬のような国家行事の放送番組の解説で使用される英語について，放送協会が適切な英語として認めたものがふさわしい英語とされる．書き言葉では，雑誌，新聞，小説，ノンフィクション作品の英語，とくに出版社と著者の間で合意したものがふさわしい英語とされる．

しかしながら，標準英語で認められる用法について，意見の衝突がないわけではない．これはまさに，規範的アプローチによる用法事典がとり組むべき問題であると考える．そうではあるが，上記であげた状況で何らかの目的をもって英語を発信する場合，文をどのように構築すべきかに関する広範な合意があるので，細かい意見の相違が余計に目立つのである．本シリーズでは，この広範囲になされた合意こそが標準英語であると考える．

■ 自国語としての英語と国際語としての英語

第1章を締めくくるにあたって，注意点を1つ記す．本シリーズは，ある特定の国で使用される標準英語をとり上げて，それを英語の基準として推奨することを意図して書かれたものではない．本シリーズのねらいはその逆で，国際的に適用できる英語の基準を目指している．英語が使用されている国は多く，ほかの言語と比べても英語の重要性は突出している．たとえば，英国，米国，カナダ，オーストラリア，ニュージーランド，南アフリカなどでは，英語は公用語もしくは事実上の公用語として使用されている．さらに，インターネットでは英語は全世界の共通語である．そして，オランダの大学院での講義やパプアニューギニアでの議事録などをみると，世界ではさまざまな英語が使用されていることがわかる．英語にはさまざまな変種があるが，変種間の違いは，発音や語彙で確認されることがほとんどである．文法面の違いはそれほど多くなく，英語の統語構造や形態的語形の全体数からみればごく一部に過ぎない．

　そうではあるが，変種間にみられる顕著な違いとして2つの事例を紹介しよう（訳者注[3] 参照）．

> ・アメリカ英語では，do は助動詞の後ろに続かない．
> %I'm not sure that I'll go, but I may do.
> （私は絶対に行くとまではいえないが，行くかもしれない）
> ・アメリカ英語では get の過去分詞に gotten を使用する．
> %I've just gotten a new car.
> （私は，ちょうど新車を手に入れたばかりだ）

パーセント記号（%）は，方言によっては文法的となる用法であることを表す．

---

[3] 訳者注：%I'm not sure that I'll go, but I may do. はイギリス英語の用法で，アメリカ英語では I'm not sure that I'll go but I may. となる．%I've just gotten a new car. はイギリス英語では I've just got a new car. となる．

第1章　本シリーズのねらい　　9

　今日の世界で用いられている標準英語は，地域的および歴史的な観点から，2つのグループに大別できる．1つ目は，イングランド南部で教養のある人によって話される英語である．ここには，イギリスで話されるほかの変種も含まれる．また，歴史的な観点から，オーストラリア，ニュージーランド，南アフリカに代表される英連邦諸国で話される英語も含まれる．本シリーズでは，このグループの英語を**イギリス英語（British English）**と称すこととする．2つ目は，米国，カナダ，準州（ハワイ，アラスカ，カナダ東部）で用いられる英語で，本シリーズではこれらをまとめて**アメリカ英語（American English）**と称すこととする．

第2章　規範主義，伝統，そして文法の正当化

本シリーズの根底となる考えを適切に理解してもらうには，規範主義（pre-scriptivism）の扱うテーマそして規範主義と長い伝統をもつ英文法研究との関係というテーマについてさらに詳しく述べる必要がある．第2章では，規範文法では文法記述がどのように正当化されているのか，つまり，ある文法記述が正しいとする根拠は何かという課題と関連させて議論を進めていく．

2.1　規範的アプローチ（prescriptive approach）と記述的アプローチ（descriptive approach）：目的と対象範囲

言語を扱うアプローチとして，規範的アプローチ（prescriptive approach）と記述的アプローチ（descriptive approach）を紹介していく．この2つには，つぎのような違いがあると説明されることが多い．規範的アプローチは，当該言語をどのように話し，どのように書くのが正しいのかを伝えることを目的としている．それに対して，記述的アプローチは，人々が実際にどのように話したり，書いたりしているのかを記述することを目的としている．したがって，規範的アプローチと記述的アプローチでは，最終的な目的とするところが大きく異なる．しかしこれは2つのアプローチを単純に捉えすぎてい

10

る．第3章で解説するが，実際の発話には誤りが多く含まれているので，記述的アプローチの立場であっても，誤りを取り除く理想化の作業を最初にする必要があるからである．そのため，2つのアプローチの下で行われた研究には重大な違いがあるにもかかわらず，そのような違いがはっきりしなくなる．

■ 研究対象の違い

規範文法と記述文法は上述したように，研究目的が異なる．そのため，対象とする研究内容が重複する場合も一部にはあるが，基本的には顕著な違いがある．たとえば，規範文法が扱うテーマの多くには，記述文法では適切に扱えないものもある．その反対に，記述文法が扱うテーマには，規範文法では研究の対象外として，一般に扱われないものもある．

　言語の使い方に関して，規範文法家のアドバイスは，**用法事典（usage manual）**と本シリーズでよばれる書物に記載されている．用法事典では，正しい用法または容認される用法の判断が必ずしも簡単ではない項目について，辞書のようにアルファベット順で解説されている．たとえば，ある用法事典の最初の数ページをみるとつぎのような項目がある．

- abacus（そろばん）
- abbreviation（省略形）
- abdomen（腹部）
- abduction（誘拐）

abacus の項目をみると，複数形は abaci にすべきかどうかに関する解説がある．ほかの3項目をみると，abbreviation では改まった文体ではどの省略形が容認されるのか，abdomen では強勢は第1音節または第2音節のどちらにあるのか，abduction では kidnapping との違いは何かに関するアドバイスがある．この4項目はそれぞれ，屈折，改まった文体，発音，意味に関する内容であるが，英語の専門家の間でも統一した見解にいたっているわけで

はない．また，これらの項目すべてを文法の領域で扱うべきであるとは考えない．たとえば，abacus の複数形は本シリーズで取り扱うが（第 10 巻参照），それ以外の 3 項目については，文法ではなくレキシコン（辞書）の領域であると考える．したがって，省略形を一覧表にして提示したり，英語の強勢位置などに代表される音韻的議論をしたり，abduction と kidnapping でみられるような意味の違いを扱うことはしない．

　用法事典は，文法の範囲を超えて文体や効果的な表現に関するアドバイスも多く提供している．たとえば，ある用法事典には explore every avenue（あらゆる手段を尽くす），in this day and age（今日では），circle round（旋回する）の項目があるが，つぎのような解説がある．

　　・explore every avenue：陳腐な決まり文句
　　・in this day and age：使用を控えるべき
　　・circle round：2 つの語が重複した意味をもつので，使用を控えるべき

これらのアドバイスが有益であると感じるかどうかは別として，本シリーズではこのような内容は文法の領域ではなく，それ以外で扱うべきであると考える．たとえば，上記の 3 つの表現が組み込まれたつぎの文をみてみよう．

　　In this day and age one must circle round and explore every avenue.
　　（今日では，誰もが旋回し，あらゆる手段をつくさなければならない）

この文は，**文法的に（grammatically）**間違っている箇所はどこにもないが，使い古された文，もしくは，まったく意味のない文だと感じられる．これは文法以外に要因があるからだと考える．

　記述文法では研究の対象となるが，規範文法ではとり上げられないテーマもある．たとえば，統語的に顕著で有名な原理などが含まれる．そして規範文法家は，人々が誤って使用する用法（もしくは，一般的に誤用とみなされる用法）に限定して文法を記述する傾向にある．そのため，英語母語話者にとっては当たり前の統語論の原理である場合，それについて文法的に重要な

第 2 章 規範主義，伝統，そして文法の正当化 13

情報を提供することはないだろう．たとえば，英語母語話者ならば，以下の
用法を誤って使用することはないので，用法事典があらためてアドバイスす
る必要はない．

- 限定詞（the, a など）は，対象となる名詞に先行する．
  the house（その家）　　　*house the[1]
- 不定詞節では，法助動詞（can, must など）は使用できない．
  *I'd like to can swim.
- 従属疑問節では，疑問詞が従属節の最初にくる．
  She asked what we needed.
  （彼女は，私たちが何を必要としているのか尋ねた）
  *She asked we needed what.

2.2　記述的アプローチと規範的アプローチの意見の不一致

2.1 節では，記述文法家と規範文法家は，扱う研究の対象が異なることを指
摘したが，両者が同じトピックを扱った場合，意見の隔たりはみられないは
ずである．しかし実際のところ，2 つのアプローチのもとで同じトピックを
扱った場合でも，意見の不一致がみられる．これは興味深い事実であるが，
その理由として，つぎにあげる規範文法家の特徴がとくに関係している．

- (a)　好みの押しつけ
- (b)　くだけた文体と非文法性との混同
- (c)　根拠のない議論

この 3 項目をみると，言語の本質ではない特徴で文法性の判断をしているこ
とがわかる．このような傾向は昔と比べると薄れているが，英語教育の分野

---

[1] アステリスク（*）は，当該表現が非文法的であることを示す．

では依然として色濃く残っている．以下で，(a)-(c) の 3 項目を順にとり上げていく．

(a)　好みの押しつけ

規範文法家が提示する規則には，大部分の英語母語話者が使用する用法に基づいていなかったり，まったく根拠なく定められたりしているものもある．これはあたかも，規範文法家の好みに基づいた判断が，いかなる英語母語話者よりも優先されることを前提としているかのようである．たとえ英語の実態がどのようなものであれ，規範文法家は自分たちが推奨する用法をほかの英語話者も使用し，自分たちが使用を控えるようにいった用法については，ほかの母語話者もそのようにすべきだと考えている．

　たとえば，つぎの文をみてみよう．

> You need a driving instructor who you have confidence in.
> （あなたには信頼できる自動車学校の教官が必要だ）

規範文法家によると，この文で用いられている who は（おそらく）誤りであるとされている．ある用法事典によると，その理由として「前置詞 in の後ろは，主格ではなく対格の whom が要求されるからである」としている．ただし，英語話者はどういうわけか whom を使いたがらないことは用法事典も認めている．ここからわかることは，（英語母語話者である）用法事典の筆者が whom を使用するので，ほかの英語話者も自分に従うべきという考えである．しかし，英語話者の大部分が whom を使いたがらないのにもかかわらず，whom が「要求される」と主張する根拠はどこにあるのだろうか．

　同じ用法事典には，centre (a)round（〜に集中する）に関する解説もある．centre (a)round は centre on よりもおそらく頻繁に用いられていることは認めるけれども，centre (a)round は正しくない表現なので，centre on を用いなければならないとしている．多くの英語話者は規範文法家が正しいと主張する centre on ではなく，centre (a)round を使用しているにもかかわら

ず，centre (a)round を誤りとする根拠はどこにあるのだろうか．どうやら，正しい用法と誤りの用法の境界線が間違ったところで引かれてしまっているようだ．

規範的アプローチは，正しいとする用法を押しつける権威主義であり，規則の根拠を提示している用法事典は見当たらない．それどころか，十分な証拠がないとしても，文法は英語のあるべき姿を定めるべきであると主張する．したがって，用法事典で推奨される用法の判断は，規範文法家の好みにゆだねられているようである．たとえば，先ほど紹介した用法事典の筆者は，who を前置詞の目的語として使用したり，centre around という表現を使用したりするのが個人的に嫌いなので，他の英語話者がこのような用法を使うのをどうしても好まないのだと考えられる．このように規範文法は，ある1人の好みをほかの話者に押しつけて，その好みの一般化を図ろうとする．

文法規則が実際の言語使用に対応していない場合，記述的アプローチでは，間違っているのは話者ではなく文法規則であると考える．しかも実際のところ，上で引用した用法事典でさえ，「alright は一般に使用されており，やがて一般的な用法として定着する可能性がある」という指摘もある．これは，言語というものは時間の経過とともに変化し，昔は使用を避けられてきた用法も，新しいパターンとして確立する可能性を認めていることになる．記述文法家は，言語は変わる可能性があるという考えなので，言語使用に関する証拠は現在の状況と関連していると考える．文法規則が個人的な好みでつくられたとしたら，実際の言語使用は文法規則と大いに異なることになるだろう．記述的アプローチでは，文法は，個人的な好みや美的感覚でつくられたものではないと考える．

ただし，規範文法家が個人的な美的判断を示すことついて，役に立たないといっているわけではない．用法事典の筆者は，英語に卓越した文法家だと思われる．つまり，文法家が提示する個人的な好みや文体はほかの人が模倣するのに十分値すると思われる．そして，広く定評のある文法家が書いた用法事典は極めて有益で，英語に熟達していない話者にとっては，達人のアド

バイスは参考になるだろう．ただし繰り返しになるが，規範文法家が正しいとする用法と実際の言語事実が異なる場合，規範文法家と記述文法家の間には必然的に意見の隔たりができる．規範文法家は，人々が使用している用法は間違っているので，用法事典に従うべきであると十分な根拠もなく主張する．一方，記述文法家は，ある用法が正しいかどうかは，文法家の好みではなく，英語話者の大部分が使用しているかどうかで判断すべきと考える．そして，記述文法家は，規範文法家の判断に関して1個人の意見を表明しているにすぎないと考える．

(b) くだけた文体 (informal style) と非文法性 (ungrammaticality) の混同

「改まった文体のみが文法的に正しい」という考えは，規範文法家に共通している．上記で議論した whom の用法（You need a driving instructor who/whom you have confidence in.）は，まさにこの考えが表れた良い例である．規範文法家によれば，この場合 whom が正しい用法だが，それは whom が改まった文体で用いられるのに対して，一般的に好まれる who はくだけた文体で用いられるからである（詳細は，第3巻参照）．ここで関連する事項を2点記す．そのうちの1つは，(1) のペアで示すように対比の区別である．

(1) i. a. It is clear whom they had in mind.

　　 b. It's clear who they had in mind.

　　　（彼らが誰のことを考えていたのかは明らかだ）

　 ii. a. Kim and I saw the accident.

　　 b. !Kim and me saw the accident.

　　　（キムと私はその事故を目撃した）

(1i) をみてみよう．(1ia) のほうがいくぶん改まった用法で，(1ib) のほうは中立的，もしくは少しくだけた用法という違いはあるが，両方とも標準英語

である．したがって，文法性に違いはなく，どちらも文法的にみて正しい用法である．つぎに（1ii）をみると，（1iia）は標準英語だが（1iib）は非標準英語である．（1iib）にあるエクスクラメーションマーク（!）は，標準英語では非文法的な用法となるが，非標準英語では文法的な用法であることを表す．（1iib）を許容する非標準英語では，代名詞が等位接続されるときはいつでも対格（me, him, her, us, them）が用いられるという，代名詞の格変化に関して標準英語とは異なる規則がある．したがって，このような変種では，標準英語では許容されない Kim and me のような表現を普通に耳にするのである．

　（1ib）のような who に関して，規範文法の共通の見解は，文法的に正しくはないが「慣用的に容認される（sanctioned by usage）」というものである．たとえば，Fowler は，20 世紀のもっとも影響力を与えた規範文法家の 1 人として知られているが，つぎのように記している．

> Who did you hear that from?（あなたは誰からそれを聞いたのですか）のような疑問文の場合，疑問詞 who ではなく whom を用いるのが正しい用法である．しかし，話し言葉では whom ではなく who が用いられることが多い．このような疑問文で who を用いた用法については，「口語体（colloquial）」ということ以外に，特段の理由を探す必要はない．

上記の発言から Fowler は，「話し言葉」と「文法」は別物であり，したがって，いくぶんくだけた文体の（1ib）は文法的な用法ではないと考えていることがわかる．本シリーズでは，改まった文体とくだけた文体を別々に考えることはしない．つまり，本シリーズで扱う標準英語とは，改まった文体から中立的な文体，そしてくだけた文体までが含まれるということになる．したがって，英語の文法を十分に記述するには，これらの文体を網羅する必要がある．改まった文体のみが文法規則に従い，くだけた文体は規則から逸脱しているのではない．改まった文体とくだけた文体では，規則が部分的に異

なるため，それが違いとなって表れるのである（訳者注[2]参照）．

(c) 本質ではないみせかけの根拠

規範文法家は，ある英語が正しい用法かまたは誤った用法かを判断する根拠として，本質とは異なる事例を引き合いに出すことがしばしばある．昔の用法事典をみると，現代英語ではなくラテン語のような古典言語の記述に適していると思われる証拠を提示して，規則の妥当性を示している．たとえば，(2) のような人称代名詞 (personal pronoun) の主格 (nominative) と対格 (accusative) の違いをみてみよう．

   (2) a. It is I.
       b. It's me.
         （私です）

(2) では人称代名詞の主格と対格が用いられているが，状況は (1i) とは反対である．(1i) では，対格 whom が用いられている (1ia) のほうが，主格 who が用いられている (1ib) よりもいくぶん改まった文体であることをみた．一方，(2) では，主格 I が用いられている (2a) が（著しく）改まった文体で，一方，対格 me が用いられている (2b) は中立的，もしくはくだけた文体となる（詳細は，第 3 巻参照）．上記で述べたように，規範文法家の中には，くだけた文体と非文法的な用法を混同してしまう人もいる．そして，過激な文法家は (2a) のみが文法的であり，(2b) は誤った用法であると主張する．そのような文法家が (2b) を非文法的とする根拠はつぎのとおりである．対格 me は，つぎの文のように動詞の直接目的語の格として振る舞うことが要求される．

---

  [2] Henry Watson Fowler (1858–1933) の *A Dictionary of Modern English Usage* (1926) は有名．

It hurt me.

（そのことで，私は傷ついた）

しかし（2）をみると，me は be 動詞の叙述補部（predicative complement）として機能している．ラテン語では，叙述補部は主語と同じように，主格が要求される．したがって，英文法もラテン文法と同じように，叙述補部には主格を用いた（2a）が正しい用法であり，（2b）は規則から逸脱した用法であるという主張である．

　この主張の誤りは，ラテン文法の規則が英文法にそのまま適用できるという考えである．英文法は，多くの点でラテン文法とは異なるので，叙述補部の格付与においても両言語では異なると考えるのが妥当である．英語とラテン語の格体系をみると，叙述補部以外にも異なる点がある．たとえば，主格と対格の区別をみると，英語では代名詞の一部のみで区別があるが，ラテン語では代名詞を含むすべての名詞で格付与の区別が要求される．標準英語で観察される（2）のような用法について，「主格と対格の区別がある代名詞の場合，叙述補部の格は文体によって変わる．主格は改まった文体，対格は中立的もしくはくだけた文体で好まれる」と記述するのが適切である．

　本質ではない根拠のほかの例として，文法の異なる領域間の類推に基づいているものもある．（3）をみてみよう．ここでも代名詞の主格と対格のバリエーションに関する例である．

(3) a.　They invited me to lunch.

　　　　（彼らは私を昼食に誘った）

　　 b. ％They invited my partner and I to lunch.

　　　　（彼らは私のパートナーと私を昼食に誘った）

(3b) には（％）が付いていることに着目しよう．第 1 章においてすでに説明したとおり，この記号は方言によっては文法的となる用法であることを示している．つまり，（3b）は標準的な英語であるが，一部の話者に限定して使

用されていることがわかる．ただし，第1章で提示した例文（%I'm not sure that I'll go, but I may do., %I've just gotten a new car.）と異なり，今回は地域性によって話者が限定されるのではない．また，(3b) が許容される理由は (2b) の It's me. とは異なる．(2b) と (3b) は標準的な英語であるが，(2b) は上述したように，くだけた文体ではごく自然に使われる用法である．(3b) はつぎに代表される用法とも異なる．

!Me and Kim saw her leave.

（私とキムは，彼女が出発するのを見た）

この文は，(1iib) でも用いられていた（!）が付いていることからわかるように，明らかに非標準英語である．(3b) は，かなり多くの標準英語話者が使用する用法であり，非標準英語とさえ考えられていない．したがって，テレビなどで聞いたとしても，おかしいことにすら気づかないだろう．

　このような状況にもかかわらず，規範文法家は，(3b) の用法を強く非難する．そして，(3b) の代わりに以下の「正しい」とされる用法を用いるべきだと主張する．

They invited my partner and me to lunch.

そしてここでも，(3b) が誤った用法だという主張を (2) のように類推によって説明しようとする．今回の類推はつぎのとおりである．(3a) の代名詞は，動詞 invited の直接目的語として機能していて，必ず対格 me の形で用いられる．(3a) と (3b) の違いをみると，(3b) では動詞の直接目的語が等位接続されているということだけである．規範文法家は，等位接続があろうとなかろうと代名詞の形に違いがあるはずはないと考える．つまり，(3a) の目的語は対格 me が用いられているので，(3b) においても，対格が現れるはずであり，主格 I が現れている (3b) は非文法的な文であるという主張である．

　しかし，格に関する規則は，(3a) のように代名詞が単独で使用された用

第 2 章　規範主義，伝統，そして文法の正当化　　21

法と（3b）のように代名詞が等位接続された用法を識別できないと，安易に
仮定できるだろうか．代名詞が等位接続されるかどうかによって規則が異
なって適用される事例は，ほかにもある．（4）をみてみよう．（4a）は文法
的な文，（4b）は非文法的な文であるが，これはほぼすべての英語話者で意
見が一致している．

(4) a.　I don't know if you're eligible.

　　　　（私は，あなたが適任者かわからない）

　　　b. *I don't know if she and you're eligible.

（4a）では，you が if 節の中で単独で主語として機能している．このような
場合，you are を短縮して you're とすることができる．一方（4b）をみると
if 節の主語は you 単独ではなく，she と you が等位接続されている．このよ
うな場合，（4a）の類推で短縮形を用いるということはできない．（4）より，
代名詞が等位接続されているか否かによって，英語の規則適用は異なる可能
性があり，実際にそうであることが示された．そうであるならば，（3a）と
（3b）のような格に関する規則についても，等位接続の有無によって規則の
適用が異なる可能性があると考えられる．つまり，類推に基づいてある用法
について主張することは適切ではないといえる．したがって，（3b）は標準
英語の正しい用法か議論する余地があるにしても，（3a）の類推から（3b）は
誤った用法であると簡単に結論づけることはできない（詳細は，第 3 巻参照）．

　すでにみたように，規範文法家によれば（1ib）の It's clear who they had
in mind. は文法的に誤った文であるが，これについても同じ類いの類推で
説明しようとする．はじめに，They had me in mind. をみてみよう．ここ
では対格 me が用いられている．したがって，（1ib）においても同様に，対
格 whom が要求されるはずだというものである．ここからわかることは，
格に関する規則が代名詞の位置に応じて，異なって適用されることはないと
いう規範文法家の考えである．上記の例でいうと，me は動詞の後ろ，who
は間接疑問文の冒頭に位置している．さらに，me は人称代名詞，who は疑

問代名詞であるが，代名詞の種類にも関係なく，格に関する規則は一律に適用されるという考えがあることがわかる．しかし，文法規則はそのような識別ができないとする根拠はどこにもない．つまり英文法では，代名詞が位置する場所や代名詞の種類に応じて，多少異なった方法で格が与えられるとみられる．[3]

　誤解を避けるために追記しておくが，今まで提示した規範文法の欠点（(a)好みの押しつけ，(b)くだけた文体と非文法性との混同，(c)本質ではないみせかけの根拠）は，すべての規範文法家に当てはまるわけではない．用法事典の中には，事実解釈が正確なもの，用法の傾向に対して明晰なもの，有益なアドバイスを提供しているものもある．そのような書物は言語使用者にとって大いに役立つ可能性がある．しかし，優れた用法事典でさえ，英語母語話者が使用する標準英語に限定して，文法性の判断を行うべきという共通の認識がある．

　優れた用法事典は，ある程度，文法の範囲を超えて，文体，修辞法，コミュニケーションにいたるまで網羅している．たとえば，本シリーズでは扱わないが，どの表現を選択するとつぎのような問題が生じるかに関するアドバイスを提供している．

　　・陳腐になってしまうのか．

---

　[3]「(c) 本質ではないみせかけの根拠」のほかの事例として，文法と論理の混同をあげることができる．つぎの文をみてみよう．
　　　非標準英語：!I didn't see nobody.
　　　（私は誰にも会わなかった）
　　　標準英語：　 I didn't see anybody.
　　　（私は誰にも会わなかった）
非標準英語の文は，標準英語の文よりも劣っていると一般的にみなされているが，まったくの誤りである．非標準英語の文では，否定辞が2つ（n't と nobody）含まれるため，論理的にみると，一方の否定辞がもう一方の否定辞を打ち消してしまう．そのため，標準英語では「私は誰にも会わなかった」という意味で I didn't see nobody. を用いるのは正しくないと判断される．しかし，これは論理的な解釈が文法にあてはまるはずだという誤った類推に基づいている．

第 2 章　規範主義，伝統，そして文法の正当化　　23

　　・意図した内容が伝わらなくなってしまうのか.

　　・無意識のうちに曖昧になってしまうのか.

　　・ことばの誤用が続いてしまうのか.

しかし，文法ということになると，誤りの判断で妥当なものは，用法事典で
棄却された用法は**標準英語では用いられない**（**not in the standard lan-
guage**）ということだけである.

　規範文法の特徴を述べてきたが，これでは用法事典の使用者を失望させて
しまうのがわかるだろう. くだけた用法と非文法的な用法を勘違いしている
用法事典を英語学習者が用いれば，日常使う話し言葉を教わる機会に恵まれ
ず，堅苦しくて耳障りな英語を身に付けてしまう危険性がある. これは，読
書に慣れていない人が本に書いてある文章をそのまま声に出して読んでいる
ように不自然に聞こえるようなものである. さらに，いい加減な類推で文法
性を予測したり，ラテン語の規則を使って英語の文法性を判断したりする用
法事典では，誤った方向に学習者を導くことになる.

　誤った用法に関して，学習者にとって紛れもなく役立つ情報とは，標準英
語では実際に使用されない用法を提供することである. とりわけ，一部には
明らかに非標準英語の特徴として広く認められているものもあるが，そのよ
うな情報を提供することは有益だろう. 標準英語を使用する英語話者を観察
すると，ある用法を通常使用しない場合がある. このような場合，規範的ア
プローチと記述的アプローチはつぎのような主張をし，どちらの立場であっ
ても意見に対立はみられない.

　　・規範的アプローチ：　規則から逸脱しているので標準英語では認めら
　　　　　　　　　　　　　れない

　　・記述的アプローチ：　標準英語では観察されないので認められない

本シリーズでは，つぎの 4 つを拠り所として文法性の判断を行う.

　　・本シリーズの著者による英語母語話者としての直観

24 第Ⅰ部　英文法の概観

・著者の直観のみでは判断が難しい場合，ほかの英語母語話者の反応
・コーパスからのデータ（実際の言語データをコンピュータで読み取り可能にしたもの）[4]
・辞書や文法に関する学術論文に提示してある用例

本シリーズは，このように複数のデータソースを用いて根拠となる証拠を提示していく．そして，異なるデータソース間でお互いに照合する作業もしていく．というのも，母語話者であっても時には誤った判断をすることもあるし，データには誤用が含まれている可能性もあるからである．また，話し手の意図は何かというデータの解釈に関する問題はしばしば生じる．このような問題はあるが，記述的アプローチの下では，実際の言語使用に基づいて文法の議論が進められる（訳者注[5]参照）．

---

[4] 本シリーズで使用するコンピュータコーパスはつぎのとおりである．アメリカ英語を収集した Brown Corpus（総計 100 万語）．イギリス英語を収集した Lancaster/Oslo/Bergen Corpus（LOB）．オーストラリア英語を収集したコーパス（Australian Corpus of English（ACE））．計算言語学会（Association for Computational Linguistics）が配信する Wall Street Journal コーパス．British National Corpus（BNC）は，本シリーズが最終草案を迎えて以降，欧州以外の研究者にも利用可能となった．そのほかには，雑誌，新聞，劇，本，映画の台本から独自に収集した資料もデータとして使用する．

[5] 訳者注：コーパスとは，膨大な書き言葉や話し言葉を収集して，データベース化したものである．利用者登録をして有料で利用できるものから，無償で提供しているものもある．ここでは，英語教育に役立ち，無料でダウンロードできる Japanese EFL Learner（JEFLL）Corpus を紹介する（https://scn.jkn21.com/~jefll03/）．これは，日本で英語を学習する中高生の英語が収集されている．たとえば，I が使われている事例を検索すると，全部で 53,611 件該当する．そのうち，英語学習者が多用するとされる I think（thought）を含む例に限定すると，2,382 件あることがわかった．代表例は以下のとおりである．

(i)　I think that memories are more important than money.
　　（お金よりも思い出のほうが大切だと思う）
(ii)　I think these are so delicious.
　　（これらはとてもおいしいと思う）
(iii)　I think to be fat is difficult for me.
　　（私にとって，太ることは難しいと思う）

第3章　話し言葉と書き言葉

英語の話し言葉と書き言葉をみると，両者には顕著でかつ興味深い違いがある．しかし本シリーズでは，話し言葉と書き言葉をそれぞれ独立した英語としてみなすことはしない．本シリーズのねらいは，標準英語の書き言葉と話し言葉の両方を記述することである．なお，標準英語の書き言葉とは，現代の新聞，雑誌，本で使用される英語をいい，標準英語の話し言葉とは英語が話されている国で，ラジオやテレビで使用される英語をいう．

■媒体中立的な用語としての「話し手（speaker）」と「発話（utterance）」
本シリーズで説明する大半は，話し言葉と書き言葉のどちらかに限定されるのではなく，どちらにも当てはまるだろう．ここで用語に関する注意点を2つ記す．1つ目は，「話し手（speaker）」という用語である．通常は，文を話す人を指す用語であるが，「話し手」と「書き手（writer）」の両方を含む用語は，専門用語を除くと存在しない．したがって，本シリーズでは，言語学でよくみられる慣例にならって「話し手」というとき，通常の意味を拡大して「書き手」の場合であっても使用することとする．この背景には，話すことは，書くことと比べて言語活動の基本的な側面を担っているという考えがある．2つ目は，「発話（utterance）」という用語である．「発話」も話し言葉と

25

書き言葉を問わず，中立的に使用することとする．

■データが書き言葉に偏る理由

本章冒頭で話し言葉と書き言葉を区別なく扱うと述べたが，本シリーズの
データをみると，いくぶん書き言葉に偏った傾向があると感じるかもしれな
い．これは原理的なものではなく，以下であげる3つの現実的な配慮による
ものである．

形式と事例の引用

1番目の理由として，言語学の一般的慣例に倣っているためである．これは，
語や文を引用する際には，書き言葉の形式を採用するというものである．こ
の慣例の背景には，現実的に考えて，書き言葉のほうが便利であるというこ
とに関係している．たとえば，書き言葉のほうが話し言葉よりもデータを印
刷したり，多くの読者と広範囲に共有したりすることが容易である．ただ
し，場合によっては発音を提示する必要もある．たとえば，本シリーズ第
10巻の動詞と名詞の屈折形を記述する場合などが該当する．そのような場
合には，3.1.2節で導入する発音の表示体系を使用する．音韻表示について
は / / で囲んで表す．

印刷物の利用のしやすさ

2番目の理由は，実例を収集しやすいという点である．本シリーズでは英語
の実例を頻繁に提示していく．ただし，あらかじめ断っておくが，議論に差
し支えのない範囲で，実例の一部を省略したり，変更したりすることもあ
る．さらに，大量のデータが収められているコーパスにアクセスすると，非
常に簡単にデータを収集できる．コーパスのデータは，収集が楽なアーカイ
ブ形式になっており，収集後も簡単に検索ができる形式になっているという
利点がある．

話し言葉における誤りの割合

3番目の理由は，話し言葉のデータには書き言葉のデータと比べると誤りが多く含まれているということである．本シリーズのデータが書き言葉に偏っていると感じる理由の中で，これがもっとも重要な理由である．自然な会話を録音してそれを聞いたことのある人ならば，話し言葉には思っている以上に誤りが多いということに驚いただろう．会話でみられる誤りの代表的なものとして，ためらいの表現，第一声の誤り（文頭を言い間違えて，もう一度言い直す），自己修正（文の途中で別の表現に変更する），反復（同様の表現を繰り返す）などがある．そのほか，大勢の人の前で話すと流ちょうさを欠くことがあるが，そのようなものも含まれる．このように話し言葉には誤りが多く含まれるが，その理由を考えることは難しいことではない．話し言葉では1秒あたり数語程度も産出されることが極めて頻繁にあり，どの構文を使おうか悩んだり，文の構造をあらかじめ考えておいたりする時間はほとんどない．そのため，通常の会話の速度では，発話の誤りはごく普通にみられる．このようなことを踏まえると，話し手が実際に話すことばは，英語の話し言葉とされる体系を不完全な形で表したものに過ぎないということになる．ただし，発話で散発的にみられるこのような誤りは，聞き手が気づくことなく会話が進むことが多い．また，話し手が無意識のうちに自分の誤りを訂正して発話を続けることもある．そのため，発話がさえぎられたり，誤りを含む文をいったりなどの話し言葉ならではの特徴は，本質的には文法の領域外であると考える（ただし，心理言語学の分野では，研究の対象として扱い，発話の準備，産出，知覚の解明を行う）．話し言葉はこのように誤りを多く含むため，データを収集したらすぐに文法的な記述をすることはできない．はじめに，スクリーニングとよばれる作業をする必要がある．これは，発話中に含まれる誤りを取り除く作業である．本当ならば，話し手本人に自分の誤りをスクリーニングしてもらうのが望ましいが，このような骨の折れる作業に協力してもらえるとは限らない．そこで，熟達した英語の母語話者に誤りを除去してもらう必要があるが，間違った意味解釈をしてしまう可能

性もある．たとえば，実際には，ただの言い間違いなのにもかかわらず，それを文法的な現象だと誤解してしまうという可能性もある．

　書き言葉は話し言葉と違い，瞬時に文にする必要がない．そのため，書き手本人が自分の誤りをほぼすべて訂正できるという利点がある．これこそが提示する用例を選ぶ際に，書き言葉を使用する1番の理由である．つまり，最終的に印刷されたものは，書き手が言いたかったこととほぼ一致しているとみなすことができる．

　書き言葉は上記で述べたように，文の作成に時間をかけることができる．そのため，一般的にみられる話し言葉と比べて，1つの文を長くすることができる．しかし，これは本シリーズでは程度の問題であると捉え，話し言葉にはなく，書き言葉だけがもつ新たな可能性とは考えない．書き言葉に関して，読み手側に期待されることは，通常の英語母語話者ならば，書かれた英語を読んで，書き手の意図を理解できるはずであるということである．これは書き言葉の基本的な側面であるが，話し言葉においても上述したたぐいの誤りは除いて，聞き手は話し手の内容を聞いて，相手の意図を理解できるはずである．したがって，書き言葉は話し言葉とかなり似た側面があることがわかる．

　このように本シリーズで提示する事例は，書き言葉に偏っている傾向があるのは確かである．しかし，話し言葉と書き言葉をそれぞれ独立したことばとして扱うのではなく，中立的に記述をすることが本シリーズの目的であり，それは可能であると考える．実際のところ，話し言葉と書き言葉との間には，顕著な統語的な違いはほとんどないといってよい．むしろ，話し言葉の中でみられる文体間（くだけた文体と改まった文体）の違いや，書き言葉でみられる文体間の違いのほうが顕著である．

3.1　発音の表示体系

3.1節では，本シリーズで使用する発音の表示体系を紹介していく．これは

第3章 話し言葉と書き言葉　29

「データが書き言葉に偏る理由」で述べたように，語や語の連続の発音を提
示する必要がある場合に用いる．実際のところ，一般の人でも簡単に使うこ
とができる発音体系を提供することは決して容易なことではない．というの
も英語の母音体系は，ほかの言語と比較して非常に複雑であるからである．
さらに，発音がつづりと対応していないことも多く，発音とつづりの関係は
世界でもっとも複雑な言語に分類されることも理由の1つである．たとえ，
ある1つの変種に限定しようとしても，このような理由のため，発音の体系
化にはどうしても困難がともなう．英語の母音体系や発音とつづりの関係以
外にも理由がある．それは，英語はグローバル言語に成長し，世界中に4億
人ほど母語話者がいるが，彼らの発音は多様であるという点である．発音の
違いは世界中でみられ，英語のほかのどの側面よりも顕著に確認される．

3.1.1　r音なまり（rhotic accent）と非r音なまり（non-rhotic accent）

ここで，言語変種を識別する2つの概念を導入する．1つ目は，**なまり（ac-cent）**である．これは，発音によって言語変種を識別するというものである．
2つ目は，**方言（dialect）**である．これは，文法や語彙の違いに基づいて識
別するというものである．本節では，なまりについてみていく．英語でもっ
とも顕著ななまりの違いは，/r/ を発音するかどうかである．イギリス英語
母語話者の大部分は，/r/ 音を発音しない**非r音なまり（non-rhotic ac-cent）**の特徴をもつ．ただし，/r/ が**母音に先行（pre-vocalic）**する場合はつ
づりどおり /r/ は発音される．たとえば，run や area などで発音される /r/
が該当する．一方，/r/ が**母音に後続（post-vocalic）**する場合，/r/ は発音さ
れない．これに関連して，(1) をみてみよう．

(1)　i.　a.　mar, bear, floor, stir, actor

　　　　b.　care, hire, bore, sure, cure

　　ii.　a.　hard, torque, term, burn

　　　　b.　hammered

（1）に提示した語にはつづり上 r が含まれるが，/r/ の発音はない．そのため，（1i）では母音で終わることになる．注意点として，（1ib）はつづり上 e で終わっているが，それ自体は発音されない．このように発音されない文字のことを「黙字（silent）」という．e が発音されないため，（1ia）と同様（1ib）においても，母音で終わることになる．それに対して，（1ii）は母音の後ろに子音が 1 つ続いている．（1iia）の torque および（1iib）の hammered（d の直前の e）にも黙字の e があることに注意する必要がある．非 r 音なまりでは，母音の後の /r/ が発音されないので，mar と ma，floor と flaw，torque とtalk は，それぞれ /mɑː/，/flɔː/，/tɔːk/ という発音になる．そのため，発音のみで各ペアの語を識別することはできない．非 r 音なまりの特徴をもう一度確認すると，/r/ が母音に後続する場合，/r/ は発音されない．

アメリカ英語話者の大部分は，r 音なまりの特徴をもつ．イギリス英語でみられる /r/ の分布に関する規則はなく，どのような環境でも /r/ が発音される．たとえば，（1）では /r/ は母音に後続するため，イギリス英語では /r/ は消失されるが，アメリカ英語では（最後の）母音の後の /r/ 音はすべて発音される．ただし注意点として，（1ia）の stir や（1iia）の term の場合，/r/と母音が融合して 1 つの母音がつくられる．これを r 音化した（「r 音色（r-coloured）」）母音という．[1]

英語のつづり体系は，/r/ 音なまりの発音に対応しているので，/r/ 音の有無にかかわらず r をともなう．イギリス英語のような非 r 音なまりでは，つづり体系が標準化された後，史的変化を受けて /r/ のみが消失した．つづりは標準化された当時と同じであるため，イギリス英語では r が母音に後続する場合，つづりと発音が対応していないという結果になった．

---

[1] r 音を発音しないのはイギリス英語，r 音を発音するのはアメリカ英語と簡単に片づけることはできない．アイルランド，スコットランド，イングランド西部，カリブ海諸国はイギリス英語に分類されるが，r 音が発音される．アメリカでは，北東部の労働者階級や南東部の上流階級などの人々は r 音を発音しない．rhotic という語は，文字 r（ρ）のギリシャ名に由来する．

第3章 話し言葉と書き言葉　　　　31

■ 連結の /r/（linking /r/）と嵌入の /r/（intrusive /r/）

非 /r/ 音なまりと /r/ 音なまりには，ほかにも違いがある．たとえば，(2) の
語の連続をみてみよう．(2ia) と (2iia) には便宜上，中点（·）が用いられて
いる．これは，語内の文法上の境界を示すもので，今回は語基（base）と接
尾辞（suffix）の間に中点が挿入されている．

(2) i. a. marr·ing, sur·est, soar·ing
　　　 b. the fear of death
　　 ii. a. saw·ing, thaw·ing
　　　 b. the idea of death

(2ia) の語基はそれぞれ mar，sure，soar である．非 r 音なまりでは先ほど
の基準にしたがうと，/r/ は脱落するはずであるが，今回は /r/ の音は発音さ
れる．なぜなら，母音ではじまる接尾辞（ing）が語基に付加された結果，
mar，sure，soar の /r/ は母音に先行することになったからである．(2ib)
では語が連続しているが，ここでも同じことがいえる．fear の後ろをみる
と母音ではじまる of が続いている．そのため，fear の /r/ は母音前位の r
とみなされ，通常，発音される．

　このように，非 r 音なまりにおいても (2i) の /r/ は発音されるが，この
現象を**連結の /r/（linking /r/）**という．(2ia) のように1つの語の中では，
連結の /r/ は義務的となる．(2ib) のように2つ以上の語が連続する場合にお
いても，義務的ではないが，/r/ の発音が好まれる．つぎに (2iia) をみてみよ
う．ここには，つづりの上では r は存在しないが，語基（saw，thaw）の最
後に /r/ の挿入が可能である．このような現象を**嵌入の /r/（intrusive /r/）**
という．嵌入の /r/ は語の境界においても可能であり，(2iib) では idea の
後ろに /r/ が挿入される．なお，(2iib) のように語の境界でみられる嵌入の
/r/ は極めて一般的である．それに対して，(2iia) のように語中でみられる
嵌入の /r/ は使用頻度が著しく低く基本的には容認されない．

　r 音なまりには嵌入の /r/ は存在しない．そのため，r 音なまりの (2i) と

32 第Ⅰ部 英文法の概観

（2ii）の発音をみると，（2i）ではつづりどおり /r/ が発音されるが，（2ii）では /r/ は生じない．補足すると，r 音なまりでみられる（2i）の /r/ は，非 r 音なまりと異なり，連結の /r/ によるものではない．r 音なまりでは，r の後ろに母音が続かない場合でも，語基（mar, sure, soar, fear）の /r/ は発音されるからである．

3.1.2 変種に中立的な音韻表示

ある 1 つの変種に限定して語句の発音を提示することは，本シリーズの趣旨に矛盾することになる．そうではあるが，地域や変種ごとに完璧な発音の表示体系を作成すると，これは冗長なものになってしまうだろう．したがって，r 音なまりと非 r 音なまりに関係なく，標準イギリス英語と標準アメリカ英語の発音を融合させた表示体系を本シリーズでは採用する．このような性質のため，1 つの変種に限定して表示体系を提示する場合よりも，発音の違いを多く示す必要がある．上述した非 r 音なまりを例にあげると，非 r 音なまりの発音に基づいて，r 音なまりでは母音の後ろの /r/ がどこに生じるのか判断することはできない．たとえば，非 r 音なまりの代表であるイングランド南部のイギリス英語では，torque と talk はどちらも /tɔːk/ という発音になるが，これに基づいて r 音なまりでみられる /r/ の発音をいうことはできない．したがって，非 r 音なまりでは母音の後ろの /r/ は発音されないけれども，何らかの方法で母音の後ろの /r/ も提示する必要がある．変種間のほかの違いについても同様に扱う必要がある．

　本シリーズで使用する発音の表示体系を（3）に示す．（3）には，当該発音を含む代表的な語も提示するが，語中の下線が施された文字または文字の連続が，その発音に対応する．（3）の下には，この表示体系に関する注意点を何点か記す．

　　（3）　短母音（short vowel）

　　　　　ɒ　odd, lot, lost　　　　　　　　　e　get, fell, friend, endeavour

第3章 話し言葉と書き言葉

æ gas, fat, pan

ʌ gut, much, done

ə alone, potato, stringent, sofa

ə^r lunar, driver, actor

i happy, pennies, maybe

ɪ kit, build, women

ɨ wanted, luggage, buses

ʊ look, good, put

長母音 (long vowel)

ɑ: spa, calm, father

ɑ:^r are, arm, spar

ɜ:^r err, bird, work, fur

u: ooze, blue, prune, brew, through

i: eel, sea, fiend, dream, machine

ɔ: awe, dawn, caught, fall

ɔ:^r or, corn, warn

二重母音 (diphthong)

aʊ owl, mouth, plough

eɪ aim, day, eight, grey

aɪ I, right, fly, guy

ɪə idea

ɪə^r ear, fear, pier, mere

eə^r air, bare, pear

oʊ owe, go, dough, toe, goat

ɔɪ oil, boy

ʊə^r poor, sure, dour

三重母音 (triphthong)

aɪə^r ire, pyre, choir

aʊə^r our

子音 (consonant)

b boy, sobbing

d day, address

dʒ judge, giant, germ

ð this, although, bathe

f food, phonetics, if, off, rough

s see, kiss, city, psychology

g good, ghost, guide

ŋ sing, drink, dinghy

θ thigh

p pie

r rye, wrist

ʃ	show, sure, charade, schmuck		
h	hood	t	tall, pterodactyl
j	yes, fjord	tʃ	chin, watch
k	cat, chorus, kiss, brick, Iraqi		
v	view, love, of		
l	lie, all	w	wet
m	me, thumb, damn	z	zeal, peas
n	nigh, knife, gnaw, pneumatic		
ʒ	measure, evasion, beige, rouge		

特殊記号（diacritic）

n̩ 音節主音 /n̩/（/l̩/なども同様）

ˈ 強勢のある音節（aˈloof, ˈsofa）

■表示体系の注意事項

母音の後の /r/

母音の直後に発音される /r/ は，上付き文字 /ʳ/ で表す．たとえば，アメリカ英語は r 音が発音されるが，/r/ は独立した /r/ 子音として発音されるか，直前の母音と融合して 1 つの r 音色母音になるかのどちらかである．イギリス英語では，語中の r が母音の直前にある場合を除いて /r/ は発音されない．ただし 3.1.1 節で述べたように，母音ではじまる語が後続するときは通常（母音ではじまる接尾辞が付加されるときも同様に），直前の r が連結の /r/ として発音され，つぎに続く母音へとなめらかに続く．この場合，つづりにある r が発音されるので，つづりと発音が対応する．なお，つづりにはない r が挿入される嵌入の /r/ については，（3）では表示していないので注意する必要がある．これは嵌入の /r/ をともなう変種では，低母音（low vowel）または /ə/ と後続の母音との間に /r/ が挿入されると簡単に予測できるためである．

第 3 章　話し言葉と書き言葉　　35

/ɪ/, /ə/, /ɨ/

orange, wanted, wishes, lozenge などの語の第 2 音節には，強勢がおかれ
ない．この場合，変種に中立な発音の表示体系を提示することは極めて難し
い．イギリス英語では一般的に，kit の i と同じ音である．本シリーズでは，
この音を /ɪ/ と表示する．アメリカ英語の大部分とオーストラリアで話され
ている一部の英語では，sofa の 2 番目の母音 a と同じ音で，本シリーズで
は /ə/ と表示する．第 2 音節にある強勢のない母音は，屈折語尾でよくみら
れる．そのなかでも，屈折接尾辞 -ing の母音は，変種間で発音の違いは基
本的になく，/ɪ/ と発音される．また，written などの接尾辞 en の母音は，
変種を問わずすべて /ə/ という発音である．このようにみると，変種間の違
いを表す第 3 の記号が必要であり，本シリーズでは /ɨ/ という記号を用いて
いく．/ɨ/ は，アメリカの音韻学者が用いる記号で，本来は，舌の位置が /ɪ/ と
比べて後方で /ə/ よりわずかに高位の音を表すときに使用される．視覚的に
は，counted /ˈkaʊntɪd/ と countered /ˈkaʊntəd/ でわずかに違うイギリス英
語の /ɪ/ を思わせる記号である．ただし本シリーズでは，正確に音価を表記
するために /ɨ/ を用いるのではなく，変種間によって発音が異なる場合，/ɪ/
または /ə/ の包括的な記号として使用していく．

/ɒ/ と /ɑ/

/ɒ/ という記号は，pot, rock, not などの母音を表記する際に使用する．ア
メリカ英語の大部分ではどのような状況でも /ɒ/ の発音はない．したがって，
pot, rock, not などの母音をアメリカ英語で表示する場合は，/ɒ/ を /ɑ/ に
置き換えればよい．

/oʊ/ と /əʊ/

/oʊ/ という記号は，grow, go, dough などでみられる二重母音を表記する
際に使用する．/oʊ/ の中に o があるので，発音表示がつづりに近くなってい

る．ただし，イギリス英語では通常，/əʊ/ のほうが実際の発音により近い．

/ɔː/ と /ɑː/

イギリス英語では，caught と calm の母音の発音は異なり，前者は /ɔː/，後者は /ɑː/ という発音になる．標準的なアメリカ英語では，発音の区別はなく，どちらも /ɑː/ と発音される．したがって，/ɔː/ と表示してある場合は，アメリカ英語では /ɑː/ に置き換える必要がある．

/æ/ と /ɑː/

イギリス英語でもアメリカ英語でも，fat と calm の母音の発音は異なり，前者は /fæt/，後者は /kɑːm/ という発音になる．しかし，イギリス英語の大部分では /ɑː/ と発音し，アメリカ英語（一部のイギリス英語も含む）では /æ/ と発音する語も数多く存在する．本シリーズではこのような例はほとんど出てこないので，必要があればイギリス英語とアメリカ英語を分けて提示する．

/ʌ/ と /ə/

/ʌ/ と /ə/ の母音の違いだけで語が弁別されるペアはごく少数である．アメリカ英語では基本的に，/ʌ/ と /ə/ の区別はない．たとえば，butt と but はいかなる状況であっても，/bət/ という発音になる．just は，merely（単に）または righteous（公正な）のどちらの意味で用いられても，同じ発音になる．さらに，lust は強勢とは関係なく must と同じ韻を踏む．イギリス英語では一般的に /ʌ/ と /ə/ の違いがはっきりしている．本シリーズでもこの2つの発音を区別して扱っていく．アメリカ英語では一律に /ə/ と表記できるので，/ʌ/ と表示されている場合は /ə/ に置き換える必要がある．

/juː/ と /uː/

イギリス英語では歯茎音（alveolar consonant）の後ろに /uː/ が続くと，/juː/ という発音になる．それに対してアメリカ英語では，/uː/ と発音されることが

多い. たとえば, new, tune, due はそれぞれ語頭に /n/, /t/, /d/ の歯茎音
がある. イギリス英語ではこの3つの語は /njuː/, /tjuːn/, /djuː/ と発音され
るのに対して, アメリカ英語では一般的に /nuː/, /tuːn/, /duː/ という発音に
なる. 本シリーズではイギリス英語の /juː/ で統一するので, アメリカ英語
の場合は /j/ を削除すればよい.

母音間の /t/

本シリーズでは, 母音間でみられる /t/ の有声化は扱わない. この現象はアメ
リカ英語でみられるもので, たとえば, ladder と latter は両方とも /lædəʳ/
という発音になる. 本シリーズでは, latter は /lætəʳ/, ladder は /lædəʳ/ と
表記するので, イギリス英語のように中間の子音によって2つの語を区別で
きる.

3.2 発音 (pronunciation) とつづり (spelling)

(3) をみてわかるように, 英語の発音とつづりの関係は複雑である. 3.2 節で
は, 重要な概念をいくつか紹介していくが, この関係を理解するのに役立つ
だろう.

■ 記号 (symbol) と文字 (letter)

つづりと音の関係でもっともわかりやすいものは, 1つの文字が1つの音
(**音素**) (**phoneme**) と対応している場合である. たとえば, in, cat, help,
stand はそれぞれ /ɪn/, /kæt/, /help/, /stænd/ と発音されるが, 1つの文字
が必ず1つの音と対応していることがわかる. しかし, このようなシンプル
な対応関係で構成される語は少なく, つづりと音の関係はやっかいである.
たとえば, teeth をみてみよう. つづりでは ee と2つの連続した文字で構成
されているが, これは /iː/ という1つの音素に対応している. 同じように,
teeth の th は2つの文字からなるが, /θ/ という1つの音素に対応している.

38　　第Ⅰ部　英文法の概観

さらに複雑な例を紹介しよう．plateau の eau に着目すると，この３つの文字の連続は /oʊ/ という１つの音素に対応している（二重母音は音韻論的には，１つの音素とみなす）．through にいたってはさらに複雑で，ough という４つの文字が /uː/ という１つの音素に対応している．

　本シリーズでは，**記号 (symbol)** という専門用語を用いていく．記号は音素に対応した文字の単位を表したものである．記号の中には，複数の文字から構成されるものもあり，それを**複合記号 (composite symbol)** という．[2] その中でも，e という文字は a, e, i, o, u のいずれかとともに，**不連続な複合母音記号 (discontinuous composite vowel symbol)** を形成することができる．たとえば，pane, dene, bite, rode, cute をみてみよう．この５つの語にはそれぞれ，a...e, e...e, i...e, o...e, u...e という不連続な複合母音記号が含まれるが，これは語尾の e と分断された母音記号で形成されている．

■ **母音 (vowel) と子音 (consonant)**
ここで**母音 (vowel)** と**子音 (consonant)** という２つの概念を導入する．これはどちらも発声法により定義されるが，母音とは，喉から口へと息の流れが妨げられることなく発音される音をいう．それに対して子音とは，声帯から唇の間で，息の強い**緊縮 (constriction)** を受けて発音される音をいう．母音，子音という用語は，音素に対応したつづりにも応用して用いることができる．それが**母音記号 (vowel symbol)** と**子音記号 (consonant symbol)** である．母音記号とは母音を表す記号であり，**子音記号**とは子音を表す記号である．さらに，**母音字 (vowel letter)**，**子音字 (consonant letter)** とい

---

[2] 「二重字 (digraph)」という用語は，teeth の ee が /iː/ に対応しているように，１つの音素に対応する２文字記号の意味で広く使用されている．「三重字 (trigraph)」という用語は，「二重字」に比べれば頻度は落ちるが，１つの音素に対応する３文字記号の意味で使用される．４つの文字で構成される１つの音素を表す用語や複合記号を網羅する用語は，現在のところ存在しない．

第3章　話し言葉と書き言葉　　　　39

う用語も理解する必要がある．両者ともに，当該記号が1つの文字だけで
構成されている場合（つまり非複合記号）に対して使用する．そして，その
1つの文字が母音記号ならば母音字，子音記号ならば子音字ということがで
きる．たとえば，fully の y をみてみよう．これは，/i/ という発音からもわ
かるように，母音記号であり，1つの文字で構成されているので母音字とい
うことができる．y という記号が常に母音字とは限らない．たとえば，yes の
y は /j/ という発音なので子音字である．boy の y は /ɔɪ/ の一部なので，複
合母音記号の一部（/ɔɪ/）である．同じように，fun, quick, mouth でみられ
る u の記号をみると，fun の u は母音字（/ʌ/），quick の u は子音字（/w/），
mouth の u は複合記号の一部（/aʊ/）ということになる．[3]

　最後に，留意事項を2点記す．1点目は，r という記号は，r 音なまりまた
は非 r 音なまりにかかわらず，子音字とみなすということである．その理由
として，屈折でみられる子音の二重化は，語幹最後の子音字を重ねる規則だ
が，ほかの子音と同じように r に対してもこの規則が適用されるからであ
る．たとえば，map, bat, trek, pin の語尾に ing を付加するとそれぞれ，
mapping, batting, trekking, pinning となり下線部の子音が二重化してい
るのがわかる．これと同じことが r でもみられ，mar に ing を付加すると
marring となる．2点目に，接尾辞 ed の e は母音記号とみなす．これは e
が発音されるか否かにかかわらず，常に母音記号とみなす．たとえば，sip
と ban に ed を付加するとそれぞれ，sipped（/sɪpt/）と banned（/bænd/）と
なるが，その際に下線部の子音が重複していることからも，ed の e は母音
記号とみなすことができる．上記の2点とも，現代英語よりも昔の英語を
みると，発音がつづりに対応していることがわかる．

---

　[3] 本シリーズでは，アルファベットを5つの母音（a, e, i, o, u）と21の子音に単純に
分類するというような伝統的慣習には従わない．というのも，そのような分類方法では，英
語の形態論でみられるつづり交替（spelling alternation）を十分に記述できないからである．

第4章 理論的枠組み

本シリーズの主な目的は，現代英語の文法規則を記述することである．したがって，ある文法理論を擁護したり，解説したりすることに重点を置いてはいない．しかし，人間の言語は極めて複雑なので，理論を用いないと記述できないのも事実である．第4章では，記述と理論の関係を明らかにし，本シリーズで用いる理論の重要な特徴を概説する．

4.1 記述 (description) と理論 (theory)

文法理論を使わずに英語を記述しようとすると，つぎのような問題に直面する．英語に該当する語，句，文などは非常に膨大な量になるので，一般化しないことには英語を記述することすらできない．その一般化であるが，文法理論を用いなければ一般化することもできない．したがって，文法理論を使わずに英語を記述することはできない．

1つの文の長さに関して上限値に明確な制限がないのは，すぐにわかるだろう．100 語以上から構成される文は普通にみられるし，とくに書き言葉では話し言葉よりも長くなる傾向にある．文を長くするのは簡単である．たとえば，good のような形容詞が単独で用いられている場合，very を good の

前に置いて very good（とてもよい）として文を長くすることができる．また，exceed のような動詞では，dramatically を exceed の前に置いて，dramatically exceed（著しく上回る）のようにしたり，tree のような名詞では形容詞 tall を前に置いて tall tree（高い木）にしたりすれば今よりも長い文をつくることができる．語をつけ足す以外にも方法はある．たとえば，I think のような語句を平叙文の文頭につけ加えたり，and that's what I told the police（そして，それが，私が警察に話したことだ）のような節を文尾に置いたりすることもできる．このように，英語として解釈でき，かつ文を長くする方法は無限に存在する．

　ここからわかることは，英語の文は，話し手が自分の意図を伝えるのに必要だと思われる長さまで構築できるので，あらゆる文をあらかじめリスト化しておくことは不可能であるということである．今までに話されたり，書かれたりした文は，想像を絶する数である．しかも，世界中の何億人という人々によって，毎秒新しい文が次々とつくられている．そのため，たとえどんなにすばらしい「文の貯蔵庫」が利用できたとしても，文がおさまりきらないという問題が生じるだろう．

　したがって，文のリスト化に代わる手段が必要となる．英語に分類される文を記述するには，文構造の一般的な説明を提示する必要がある．そしてその際には，個別の文ではなく，英語の文に関する**一般的な（general）**陳述から当該文の形式が導き出されるような説明でなければならない．はじめに，あらゆる文が従う規則を確認して，ひとまとめにする必要がある．そうすれば，見聞きしたことのない文に出くわしたとしても，規則を使って文構造を正しく理解できるし，新しい文のつくり方がわかる．つまり，語と語を結合させて，文がどのように構築されるかについての**理論（theory）**を構築する必要がある．本シリーズでは，英語の文構築に関して現在までに明らかになっている事項を，可能な限り要約し解説していく．そして，本シリーズで前提とする理論は，辞書内の語が分類され，文をつくる上で語がどのように結合されるのかを指定されているような理論である．

第 I 部　英文法の概観

理論を用いると，言語を一般的に記述できるという利点があるが，この利点を読者に押しつけることは決してしない．本シリーズでは，実際に使用される言語事実を第一に考える．たとえば，事実と理論的説明が一致しない場合には事実を優先する．理論に重きを置きすぎるあまり，英語の事実解明に支障をきたす場合には，理論的説明を極力抑える．また，競合する理論のうちどれか 1 つを重視するのではなく，中立的な立場で事実を提示できるのならば，それが望ましいと考える．

このような立場をとるが，第 4 章ではかなりのページを使って，本シリーズで採用する理論的枠組みを用いた**分析（analysis）**が妥当であることについて解説していく．丁寧に議論を進めていくので，当初は本シリーズで採用する統語理論に異議を唱える研究者も，あらゆる言語事実を考慮すれば納得してもらえるだろう．本シリーズは，今までに出版された優れた文法書と同様に記述的な立場をとるが，過去の主張や分析を機械的に受け入れるのではないので，本シリーズで特定の文法的分析を採用するにあたっての議論が必要となる．

本シリーズは，伝統文法の文法書と異なる点が多い．わずかな違いもあるが，顕著な違いもある．たとえば，伝統文法では「名詞節」，「形容詞節」，「副詞節」というように従属節を分類するが，これでは事実を満足のいくように分類できない．したがって，このような用語は本シリーズのどこを探しても見当たらないだろう．はっきりとした違いはほかにもある．伝統文法では，since はつぎの 3 つに分類されるが，本シリーズでは一貫して前置詞として扱っていく．なぜなら，since のように，1 つの語が 1 つの意味しかもたない場合，複数の範疇を仮定することは無意味だと考えるからである．

・前置詞（preposition）：

I haven't seen them since Easter.

（私は，イースター以来，彼らに会っていない）

・副詞（adverb）：

I haven't seen them since.

（私は，それ以来，彼らに会っていない）

・従属接続詞（subordinating conjunction）：

I haven't seen them since they went overseas.

（私は，彼らが海外に行って以来，会っていない）

上記のように伝統文法と異なる点に関しては，丁寧に議論を進めていくので，本シリーズが伝統文法を踏襲せずに正しい代案を採用したことについて，読者の皆さんには十分に理解してもらえると考える（詳細は，第Ⅱ部参照）．

　したがって，通常の文法書と比較して，本シリーズは文法概念の議論や統語的論証に多くのスペースを割いていることに気づくだろう．この目的は，ほかの言語も網羅できるような理論を構築することではなく，読者の皆さんに，本シリーズで用いる記述の妥当性を理解してもらうことである．言語学では，文法理論があらゆる言語に適用できることが重要とされるが，これは本シリーズのねらいとしているところではない．また，詳細な専門的議論や記述的議論については，**フォントがゴシック体で網のかかっている部分**にゆずることとする．初学者はこの部分を読み飛ばしたとしても，本シリーズの基本的な枠組みを理解するのに影響はない．

4.2　統語論（syntax）における基本概念

本シリーズでは，（1）に示す 3 つの基本的な概念を用いて，英語を統語的に記述していく．1 つ 1 つの概念はとてもシンプルなものであるが，3 つ合わさると極めて強力な理論となり，無限に文をつくることができる．

(1)　i.　文はいくつかの部分に分割でき，その部分自体もさらに小さな部分に分割できる．

　　　ii.　部分は，いくつかのタイプに分類される．

　　　iii.　部分は，それ自身が含まれるより大きな部分の中で，特定の役

割つまり機能を担う．

文は部分から構成され，その部分もさらに小さな部分から構成される（文中の大きなかたまりは，小さなかたまりが集まってできあがっている）という考え（= (1i)）は，「構成素構造（constituent structure）」分析の基本である．部分はいくつかのタイプに分類できるという考え（= (1ii)）は，文法記述の際に用いる「統語範疇（syntactic category）」の根底となっている．部分は，それ自身が含まれるより大きな部分の中で特定の役割，つまり機能を担うという考え（= (1iii)）は，「文法機能（grammatical function）」の基礎となっている．4.2.1 節から 4.2.3 節では，(1) にあげた 3 つの基本的な概念を 1 つずつ説明していく．

4.2.1　構成素構造 (constituent structure)

文は，**構成素（constituent）**とよばれる部分から構成され，その構成素自体も，さらに小さい構成素から構成されている．このような部分から全体が成り立つという階層構造は**構成素構造（constituent structure）**とよばれる．

　つぎの単文を考えてみよう．

　　　A bird hit the car.
　　（一羽の鳥がその車にぶつかった）

はじめに，a bird（主語：subject）と hit the car（述部：predicate）の 2 つに分解できる．a bird はさらに a と bird に，hit the car は hit と the car に分解できる．そして，the car は the と car に分解できる．この文の構造を図示すると (2) のようになる．

(2)
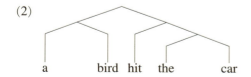

第 4 章　理論的枠組み　　　　　　　　　　　　　　45

このように，構成素構造を図示したものは**樹形図**（**tree** または tree diagram）
とよばれる．(2) をみると，実際の木とは上下逆さまの格好をしていて，根
が上にあり，枝が下にある．上下が逆ではあるが，木のような形をしている
のでこのようによばれる．構成素の中でもっとも小さい単位は語で，枝同士
が結合する節点が根に近ければ近いほど構成素は大きくなる．(2) の中で構
成素といわれるものをみてみよう．たとえば，a bird は 1 つの構成素を形成
している．なぜなら，a と bird から伸びているそれぞれの枝をたどると，2
語が結合した節点にたどり着くからである．the car と hit the car も同様の
理由から構成素とみなすことができる．一方，bird hit は文中で連続してい
るが，この 2 語のみで構成される節点は存在しない．したがって，bird hit
は 1 つの構成素としては認められない．

　上述したように A bird hit the car. は，はじめに a bird と hit the car に分
解できるが，この 2 つの構成素を文の**直接構成素**（**immediate constituent**）
という．hit the car は，hit と the car に分解できるが，この 2 つは hit the
car の直接構成素である．樹形図を下降すると，これ以上分解できない語に
たどりつくが，これは文の**終極構成素**（**ultimate constituent**）という．

　構成素に基づいた文の分析が妥当であるという証拠は，文法のほかの部分
から提供される．そして，提示された証拠には一貫性があるので，構成素は
適切なまとまりに分解されていることが支持される．たとえば，apparently
（どうやら〜らしい）のような副詞がどこに挿入できるか検討すると，構成
素に基づいた分析の妥当性がわかる．副詞が挿入できる場所について（少な
くとも，A bird hit the car. のような簡単な文ではあるが)，つぎのようにお
おざっぱな規則を定めることができる．

　　　副詞が修飾する節内にあるのならば，どこにでも位置できる．ただ
　　　し，既存の構成素を壊してはならない．

たとえば，(3) をみてみよう．文法的な (3a) は，この規則を満たしている
が，非文法的な (3b) は満たしていない．

46 　　　　　　第Ⅰ部　英文法の概観

(3) i. a. 　Apparently a bird hit the car.

　　　　　　　（どうやら，一羽の鳥がその車にぶつかったようだ）

　　　 b. 　*An apparently bird hit the car.

　　 ii. a. 　A bird apparently hit the car.

　　　　 b. 　*A bird hit apparently the car.

　 iii. a. 　A bird hit the car, apparently.

　　　　 b. 　*A bird hit the apparently car.

A bird hit the car. は 5 語から構成されているので，apparently の可能な場
所は論理的にみれば 6 カ所ある（つまり，5 つの語（a，bird，hit，the car）
の直前と car の後ろ）．しかし (3) で示したように，実際に可能なのはたった
の 3 カ所である．(2) の樹形図のように文を構成素に分解すると，apparently
に代表される「様相の副詞（modal adverb）」について，挿入によって「構成
素を壊してはならない」という一般的な陳述が可能となる．(3ib) をみると，
apparently が構成素 a bird の間に挿入されている．つまり，構成素を壊し
てしまっているので，非文法的な文となる．同様に，(3iib) と (3iiib) も説
明できる．(3iib) では構成素 hit the car，(3iiib) では構成素 the car が壊
されているので許容されない．(2) の樹形図をみると，分解してしまうと非
文となるかたまりは，文全体よりも小さな構成素であることがわかる．

　構成素に基づいて文法性の判断をすることについては，相互に支持し合う
多くの証拠によって証明されている．その中でも (3) は，非常にわかりや
すい一例にすぎない．

4.2.2　統語範疇 (syntactic category)

(2) の樹形図は，当該文（A bird hit the car.）の部分と全体の階層関係を表
したものにすぎない．記述すべき構成素を提示したものであるが，文の記述
という点ではまだスタート地点である．つぎの段階は，構成素を**統語範疇
(syntactic category)** とよばれるものに分類することである．語レベルの統

第 4 章　理論的枠組み　　　　　47

語範疇は，伝統文法で「品詞（part of speech）」とよばれるものに相当する．
語よりも大きい構成素は，語の統語範疇に基づいている．語だけからなる範
疇は**語彙範疇**（**lexical category**）とよぶことにする．

■ **語彙範疇**（**lexical category**）

統語理論や辞書は通常，語彙範疇（伝統文法では品詞とよばれるもの）の情
報を含まなくてはならない．その中でも，**名詞**（**noun**），**動詞**（**verb**），**形
容詞**（**adjective**），**副詞**（**adverb**）は，ほぼすべての理論と辞書に共通して
使用される．これらの用語は，およそ 2,000 年前の古典ラテン語や古典ギリ
シャ語の文法にまでさかのぼることができるが，おそらくほぼすべての言語
に共通する語彙範疇である．本シリーズで仮定する語彙範疇は全部で 9 つ
ある．（4）に 9 つの語彙範疇とその代表的な語を記す．

(4)　　範疇　　略号[1]　　　　　　　　例
　　i.　名詞　　N　　　tree（木），pig（豚），sugar（砂糖），hatred（憎しみ），
　　　　　　　　　　　union（団結），Picasso（ピカソ），London（ロンドン）
　　ii.　動詞　　V　　　do（する），fly（飛ぶ），melt（溶ける），think（考える），
　　　　　　　　　　　damage（傷つく），give（与える），have（もつ），
　　　　　　　　　　　be（存在する），must（しなければならない）
　　iii.　形容詞　Adj　　good（よい），nice（すてきな），big（大きい），
　　　　　　　　　　　easy（簡単な），ugly（醜い），helpful（役立つ），
　　　　　　　　　　　reddish（赤みを帯びた），fond（好きな）
　　iv.　副詞　　Adv　　obviously（明らかに），easily（簡単に），
　　　　　　　　　　　helpfully（役立つように），frankly（率直に），
　　　　　　　　　　　soon（間もなく），so（そのように），too（〜すぎる）

---

[1] 訳者注：本シリーズで略号を提示する必要がある場合，N，V，Adj，Adv，Prep，D
ではなく，それぞれ名詞，動詞，形容詞，副詞，前置詞，限定詞と表示することとする．

v.	前置詞	Prep	of (〜の), to (〜へ), by (〜の近くに), into (〜の中へ), between (〜の間に), over (〜を越えて), since (〜以来ずっと), toward(s) (〜のほうへ)
vi.	限定詞	D	the (その), this (この), that (あの), a(n) (ある〜), some (いくらか), all (すべての), every (どの〜も), each (それぞれ)
vii.	従位詞		that (〜ということ), for (〜なので), to (〜するために), whether (〜かどうか), if (〜かどうか)
viii.	等位詞		and (そして), or (あるいは), but (しかし), nor (〜もまた〜でない)
ix.	間投詞		ah (ああ！), damn (しまった), gosh (おやっ), hey (おい), oh (おお), ooh (わーっ), ouch (イタッ！), whoa (ドゥドゥ), wow (ワォ)

(4) の分類法は，いくつかの点で伝統文法のものと異なる．重要な3つの違いは以下のとおりである．1点目に，限定詞の扱いである．伝統文法では，形容詞の下位グループとして分類される．しかし，限定詞は「記述形容詞 (descriptive adjective)」ではなく，「制限形容詞 (limiting adjective)」の性質をもつといわれるので，本シリーズでは形容詞とは別の範疇として扱う．ただし，本シリーズと同様に，冠詞の the と a(n) を形容詞とは独立した範疇とみなす伝統文法家もいる．2点目は，従位詞と等位詞である．伝統文法では接続詞の下位グループとして分類されているが，本シリーズでは，従位詞と等位詞はそれぞれ独立した範疇であると仮定する．3点目は代名詞である．伝統文法では，名詞から独立した範疇を仮定しているが，本シリーズでは，名詞の下位グループとして扱う．語彙範疇に関して，このように伝統文法と異なる点があるが，その根拠については関係する巻で扱うこととする．

■ 句範疇（phrasal category）

(2)でみたように，構成素は複数の語から成り立つこともできる．その場合，もっとも重要で中心的な語とその中心的な語の特性を詳しく述べるのにふさわしい語から構成されている．そのように複数の語からなるかたまりは**句（phrase）**とよばれ，語彙範疇の拡大版ともいうべき**句範疇（phrasal category）**が付与される．[2] 句範疇をいくつか紹介しよう．たとえば，**小名詞句（nominal）**は中心語の名詞，そしてその名詞ともっとも近接した付随要素で形成される句である．[3] そして，小名詞句と限定詞で**名詞句（noun phrase）**ができあがる．動詞と補部で**動詞句（verb phrase）**が形成される．名詞句と動詞句がいっしょになると，**節（clause）**が形成される．本シリーズで使用する句範疇は(5)に記すとおりである．(5)には範疇名のほか，略号と各範疇に代表される句も示す．[4]

(5)　範疇　　　略号[5]　　　例

i.　節　　　Clause　　She saw something in there
　　　　　　　　　　　　（彼女はそこで何かを見た）

ii.　動詞句　　VP　　　saw something in there
　　　　　　　　　　　　（そこで何かを見た）

iii.　名詞句　　NP　　　this clear case of dedication to duty
　　　　　　　　　　　　（仕事にかける情熱のこの明らかな事例）

---

[2] 句は，1語で構成される場合もある（詳細は，4.2.3節の「一項枝分かれ」参照）．

[3] 訳者注：本シリーズでは，nominal を「小名詞句」と訳すこととする．これは A Student's Introduction to English Grammar (Rodney Huddleston and Geoffrey K. Pullum (2005)) の訳本である『ケンブリッジ現代英語文法入門』から採用した．

[4] 訳者注：本シリーズでは，原則として clause を「節」と訳している．しかしながら，1つの節が独立した1つの文を指すときには，一般的な文法用語に慣れている読者の便宜を図って，「文」と訳す場合もある（詳細は，第 II 部参照）．

[5] 訳者注：本シリーズで略号を提示する必要がある場合，Clause, VP, NP, Nom, AdjP, AdvP, PP, DP ではなく，それぞれ節，動詞句，名詞句，小名詞句，形容詞句，副詞句，前置詞句，限定詞句と表示することとする．

iv.	小名詞句	Nom	clear case of dedication to duty
			（仕事にかける情熱の明らかな事例）
v.	形容詞句	AdjP	very eager for further news
			（続報をとても心待ちにして）
vi.	副詞句	AdvP	quite separately from this issue
			（この問題と完全に切り離して）
vii.	前置詞句	PP	right out of the area
			（その地域から出てすぐに）
viii.	限定詞句	DP	almost every
			（ほぼすべて）

(2) の樹形図に各構成素の範疇を加えると (6) のようになり，文構造を詳細に図示できる．

(6)

4.2.3　文法構造 (grammatical construction) と文法機能 (grammatical function)

4.2 節冒頭で提示した3番目の基本概念をみていこう．構成素は，それ自身も含まれる大きな単位である**構造** (construction) の中で，常に特定の役割を担う．この役割を**文法機能** (grammatical function) とよぶ．たとえば，A bird hit the car. では，a bird と the car はどちらも同じ名詞句という範疇に分類されるが，a bird は主語，the car は目的語と別の文法機能を担う．a bird と the car が同じ範疇に分類されるのは，名詞が重要な要素という点

第4章 理論的枠組み   51

で内部構造が似ているからである．しかし，動詞との関係が異なるので，a
bird と the car は違う文法機能を担う．範疇が同じで文法機能が異なる場合
をみたが，これと正反対な状況が（7）にみられる．

(7) a. His guilt was obvious.
        （彼の罪は自明だった）

    b. That he was guilty was obvious.
        （彼が罪を犯したことは，自明だった）

（7a）と（7b）の下線部は，述部に対して両方とも主語として働いているの
で，同じ文法機能を担っている．しかし，範疇はそれぞれ異なる．（7a）の
下線部は名詞（guilt）が中心だが，（7b）の下線部は終極的には動詞（was）
が中心となっている．つまり，（7a）の主語は名詞句によって，（7b）の主語
は節によって**具現化（realised）**されている．

■主要部（head）と依存要素（dependent）

あらゆる句範疇を通して，大方同じように適用される機能がある．はじめ
に，句範疇は，**主要部（head）**と主要部に結合したさまざまな**依存要素（de-
pendent）**に分けることができる．
　主要部の働きとして，つぎにあげる2つが重要である．

・通常，義務的である．
・主要部を含む句（名詞が主要部ならば，名詞句となる）が文のどこに
　生起可能かを決定する．

（7a）の his guilt と（7b）の that he was guilty は両方とも主語として機能
するが，いつも同じ場所に生起できるわけではない．たとえば，つぎのペア
をみてみよう．

The news that he was guilty was devastating.

（彼が有罪であるという知らせは衝撃的だった）

*The news his guilt was devastating.

1番目の文は可能で，2番目の文は不可能である．2番目の文は，The news of his guilt was devastating. のように前置詞 of が要求される．2つの文の文法性の違いは，(7a) の主要部は名詞で，(7b) の（終極）主要部は動詞であることに起因する．

　一方，依存要素の特徴はつぎのとおりである．

　　・しばしば随意的な要素である．
　　・統語的にみて従位要素である．

「依存要素」という用語は，いかなる構造であれ，どのような種類の依存要素が許容されるかは主要部次第であるという事実を表している．たとえば，too（「とても」の意味で）は形容詞の依存要素となったり（too careful（とても注意深い）），または副詞の依存要素となったりすることができる（too carefully（とても注意深く））．その一方で，名詞や動詞の依存要素となることはできない（*their too extravagance, *You shouldn't too worry.）．同様に sufficiently は，形容詞の依存要素（sufficiently good（十分によい）），副詞の依存要素（sufficiently often（十分にしばしば）），動詞の依存要素（practised sufficiently（十分に練習して））として機能できる．ただし，名詞の依存要素としては機能できない（*sufficiently reason）．

主要部機能の特殊ケースとしての述部（predicate）および述語（predicator）

本シリーズの枠組みを用いると，伝統文法で**述部（predicate）**とよばれているものは，主要部の特殊ケースとみなすことができる．つまり，述部は節の主要部に対して用いる用語と捉えることができる．**述語（predicator）**も同様である．述語という用語は一般的に，動詞自体の機能に対して用いられ

るが，言い換えれば，述語は動詞句の主要部を表す用語である．本シリーズでは，述部と述語という伝統文法の用語を用いる．これは，当該要素に特徴的な意味役割を表すが，どちらも主要部の一例であることを心にとめておく必要がある．

■ 依存要素の下位グループ

依存要素は，極めて一般的な機能を表しているので，主要部との具体的な関係に応じて，依存要素を下位グループに分類すると便利である．はじめに，**補部 (complement)**，**修飾要素 (modifier)**，**限定要素 (determiner)** に分けることができる．補部，修飾要素，限定要素がいずれも名詞句の場合をみてみよう．それぞれ (8i)，(8ii)，(8iii) の下線部で示されている．

(8) i. the photographs <u>of their dog</u> that they had brought with them

［補部］

（彼らがもってきた<u>自分たちの犬の</u>（その）写真）

ii. the photographs of their dog <u>that they had brought with them</u>

［修飾要素］

（<u>彼らがもってきた</u>自分たちの犬の（その）写真）

iii. <u>the</u> photographs of their dog that they had brought with them

［限定要素］

（彼らがもってきた自分たちの犬の（<u>その</u>）写真）

(8i) の of their dog は，主要部である名詞 photographs の**補部となっている (complement)**．(8ii) の that they had brought with them は，主要部を含む小名詞句 photographs of their dog を**修飾している**．(8iii) の the は，主要部を含む小名詞句 photographs of their dog that they had brought with them を**限定している (determine)**．依存要素を 3 つのグループに分けたが，補部はつぎのように下位分類でき，主要部要素は，その補部を**支配する (govern)** という．

- 主語　　The photographs are excellent.
　　　　　（その写真はすばらしい）
- 目的語　He destroyed the photographs.
　　　　　（彼はその写真を破棄した）
- 叙述語　These are excellent photographs.
　　　　　（これらはすばらしい写真だ）

　（8）で示した3つの機能のうち，限定要素は名詞句構造の中でのみ現れることができるのに対して，補部や修飾要素は広範囲に生起できる．なお，「限定要素（determiner）」と「限定詞（determinative）」は異なるので注意が必要である．限定要素は機能の名前であるのに対して，限定詞は語彙範疇の名前である．4.2.3節冒頭でも述べたように，機能を表す主語と範疇を表す名詞句は区別される．これと同じ理由で，限定要素と限定詞も区別する必要がある．たとえば，this のはたらきをみてみよう．this height（この高さ）では限定要素として機能するが，She is about this tall.（彼女はこれぐらいの背丈だ）では，形容詞句の中で，修飾要素として機能する．今度は，限定要素の側からみてみよう．a doctor（1人の医者）では限定詞 a によって具現化されるし，my neighbour's doctor（私の近所の医者）では属格の名詞句 my neighbour's によって具現化される．[6]

■主要部欠如構造（non-headed construction）

すでに述べたように，主要部と依存要素の関係は，ほぼすべての構造に当てはまる．主要部は通常，義務的であるが，なかには主要部を欠いた構造も存在する．

---

　[6]「限定要素」は，範疇を表す用語として用いられることが多い．「限定要素」に対応した機能を表す用語には，「指定部」や「限定詞」が用いられることもあるが，これらと「限定要素」がはっきりとした区別なく用いられることもある．

第 4 章　理論的枠組み　　　55

(9)　i.　She bought [a hamburger, some chips and a glass of milk].

[等位接続]

(彼女は [ハンバーガーを 1 つ, フライドポテト, ミルクを一杯] 買った)

　　ii.　A storm damaged — or so I'm told — the roof of their house.

[補足要素]

(嵐によって, 私が聞いたところによると, 彼らの家の屋根が破損した)

(9i) には, 下線が施された名詞句が 3 つ (a hamburger, some chips, a glass of milk) あるが, 統語的な働きはそれぞれ等しい. したがって, ある 1 つの名詞句が主要部で, 残り 2 つが依存要素であるということはできず, 3 つの名詞句が [　] 内で**等位項 (coordinate)** の役割を担う. (9ii) の下線部は**補足要素 (supplement)** とよばれる. 補足要素は, 依存要素や等位項として文構造の中で結合されるのではなく, 話し言葉ではイントネーションによって, 書き言葉ではダッシュなどで, 補足要素と残りの部分が切り離される. (3iib) と (9ii) を比べてみよう. (3iib) の apparently は依存要素なので, 構成素を壊して述語と目的語の間に入ることはできない. (9ii) の or so I'm told は補足要素として機能しているので, 述語と目的語の間に生起できる (詳細は第 8 巻参照).[7]

■ 樹形図による機能の表示

機能は, 本質的にはほかの要素との関係概念である. したがって, ある構成素の機能を特定するには, それを含む大きな構成素の中での働きを知る必要がある.[8] 関係概念を捉える方法として, 樹形図の線上 (枝上) に機能名を記

---

[7] (3iib) にはダッシュなどの句読点がないことからわかるように, apparently が構造の中に介在している. したがって, 非文法的な文となる. もし apparently が補足部として節のほかの部分と切り離されているのならば, 非文法的な文とはならない. ただし, その場合には (3iib) とは別の文になる.

[8] 「文法関係 (grammatical relation)」という用語は, 「文法機能 (grammatical function)」の代わりとしてよく用いられる.

すことができる．(2) の最初の枝分かれを (10) のように図示できる．(10) では，線上にある主語と述部が機能である．

(11)

しかし，複雑な文構造を図示する場合には，機能標示と範疇標示をコロンで切り離して表示するとよい．コロンを用いると (2) は (11) のように図示できるが，コロンの前が機能，コロンの後ろが範疇を表す（訳者注[9]参照）．

(11)

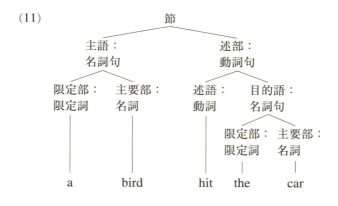

---

[9] 訳者注：日本語では目的語が述語の前に現れるので，「一羽の鳥がその車にぶつかった」を図示すると以下のようになる．主語については簡略化した構造を示す．

(i)

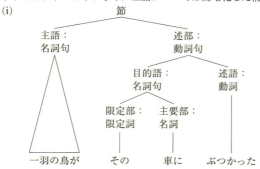

■一項枝分かれ (singular branching)

すでに述べたように，依存要素はしばしば随意的である．このことから，主要部単独の構造も可能であると予測される．(12) をみてみよう．

(12) i. <u>Some children</u> were playing in the park.
　　　　　（何人かの子どもたちが公園で遊んでいた）
　　　ii. <u>Children</u> were playing in the park.
　　　　　（子どもたちが公園で遊んでいた）

(12i) と (12ii) の下線部はともに，節の主語として機能する名詞句である．(12i) では，children が主要部で，some によって限定されている．一方 (12ii) では，主要部が単独で現れている．(12i) と (12ii) の下線部の構造を図示すると，それぞれ (13a) と (13b) のようになる．

(13b) は，範疇表示の名詞句から枝は 1 本しか伸びていない．このような枝分かれを**一項枝分かれ** (singular branching) という．それに対して，(13a) を**二項枝分かれ** (binary branching) という．

4.3　形態論 (morphology)：屈折形態論と語彙形態論

第 1 章で述べたように，文法は統語部門 (syntax) と形態部門 (morphology) の 2 つの主要部門に分類できる．これは，基本的な言語単位として語がもつ特別な地位に由来する．統語論では，語の結合によって文が形成される仕組みを扱い，形態論では，語自体の内部構造を扱う．語形成は，より大きな句

構造の形成と似ている点もあれば，著しく異なる点もある．そして，この顕著な相違点こそが文法を統語論と形態論の2つの部門に分けるゆえんである．

■語（word），語彙素（lexeme），屈折（inflection）

「語（word）」は，伝統文法でも用いられている用語であるが，2つの異なる捉え方がある．たとえば，(14) には異なる語がいくつあるか考えてみよう．

(14) You are working hard, but your sister is working even harder.

　　（あなたは一生懸命働いているけれども，お姉さんはもっと一生懸命働いています）

3番目と9番目の語は，同じ語（working）が用いられているのは明らかである．つまり，3番目と9番目は，同じ語のトークン（事例）である．それでは，4番目（hard）と最後（harder）はどうだろう．この2つは同じ語なのだろうか，それとも違う語なのだろうか．その答えは，「語」の捉え方次第である．2つの異なる見方を紹介しよう．1つ目は，統語的視点に根ざした捉え方である．これによると，harder には接尾辞（er）があるが hard にはないので，この2つは異なる語であるというものである．その証拠として，harder は Your sister works harder than you.（あなたのお姉さんは，あなたより一生懸命働く）のような構造でも生じることができるが，harder を hard に置き換えることはできない（*Your sister works hard than you.）．また，Your sister works very hard.（あなたのお姉さんはとても一生懸命働く）の hard を harder に置き換えることはできない（*Your sister works very harder.）．したがって，統語的視点に立つと，hard と harder は異なる語と結論づけることができる．語に関する2つ目の捉え方は，hard と harder は「同じ語の異形」であるというものである．これは辞書的な見方で，hard という1つの項目に hard と harder が属しているというものである．同じことが，(14) の are と is にも当てはまる．統語的には，この2つは異なる語だが，語彙

的には（つまり，辞書に従えば）同じ語（同じ語の異形）ということになる．本シリーズでは誤解を避けるため，**語（word）**という用語を用いるとき，1番目の統語的指向の意味に限定して使用することとする．したがって，hardとharderは異なる語であり，areとisも異なる語であると考える．そして，2番目の語彙的指向の意味で用いたいときは，語ではなく，**語彙素（lexeme）**という用語を用いることとする．つまり，hardとharder，areとisは，同じ語彙素に属するものということになる．

　多くの場合，統語的視点と語彙的視点のどちらの立場であろうと，語の捉えているものに違いはない．たとえば，theやandのような語彙素は，hardと異なり**不変化的（invariable）**である．つまり，統語的視点と語彙的視点で捉えているものは1対1の関係にある．efficientlyも不変化語彙素である．efficientlyを比較級にしたmore efficientlyはharderと似ているが，more efficientlyは2語で構成されている．したがって，efficientlyとmore efficientlyは，同じ語彙素の異形とはみなされない．語彙素の中には**変化（variable）**語彙素というものもある．これは，1つの語彙素が複数の異なる語形をもつ場合をいう．本シリーズでは，ある項目を語ではなく，変化語彙素として捉えていることを明示する必要がある場合，当該語彙素を太字のイタリック体で表記する．たとえば***hard***は，hardとharder（そして当然ながら，hardest）を含む語彙素であることを表している．[10] 同様に，***be***はareとis（be，been，beingなども含む）を含む語彙素である．語と語彙素の定義に従うと，（14）では，語彙素***hard***は2回生じているが，hardとharderという語はそれぞれ1回ずつ生じているということになる．このように変化語彙素は，文法特性を抽象化した語レベルの語彙項目である．どの文法特性が具現化されるか

---

　[10] 語彙素を表す太字のイタリック体は極力使用を控える．たとえば，They are difficult to please.（彼らは気むずかしい）の構造で生起可能な形容詞語彙素を列挙するような場合，'difficult, *easy*, **hard**, impossible, ***tough***' と表記するのではなく，単に 'difficult, easy, hard, impossible, tough' と明示する．'difficult, *easy*, **hard**, impossible, ***tough***' の表記は煩雑であるばかりでなく，議論とは無関係だからである．

は，当該項目が現れる統語構造によって変わる．

　変化語彙素は，具体的にいえば**屈折（inflection）**という操作によって多様な語形が形成される．屈折操作の結果できた変化形は語彙素の**屈折形（inflectional form）**とよばれ，このような操作は基本的に，個々の語彙素を越え品詞全体に適用される．たとえば，ほぼすべての動詞語彙素は，時制の違いを屈折で表す（過去形 took，現在形 take）．大部分の名詞は，数の違いを屈折で表す（単数形 dog，複数形 dogs）．1ないし2つの音節からなる形容詞は基本的に，等級の違いを屈折で表現する（原級 old，比較級 older，最上級 oldest）．しかしながら，主格と対格の対比は，ほんの一握りの代名詞語彙素に限定して，屈折によって表示される（たとえば，主格の we と対格の us）．

■ **屈折形態論（inflectional morphology）**と**語彙的語形成（lexical word-formation）**

一般的に「語」といわれるものは，語と語彙素に区別できることをみてきたが，このようにすると，形態論を**屈折形態論（inflectional morphology）**と**語彙的語形成（lexical word-formation）**の2つに下位分類できる．

　屈折形態論は変化語彙素の屈折形を扱う．したがって，文法の主要部門である統語論に付属した特徴をもつ．もう少し詳しく述べると，統語論では，当該の語彙素が特定の屈折をともなうことが可能な状況，もしくはそれが要求される状況を指定する．一方，屈折形態論では，その屈折が要求されるとき，現れる語形を指定する．たとえば，統語論の規則では，完了助動詞***have***をともなうと，過去分詞の動詞を要求する（They have killed it.（彼らはそれを殺してしまった），She had rung the bell.（彼女はベルを鳴らしてしまっていた））．一方，屈折形態論では，当該の過去分詞が**語基（lexical base）**からどのように形成されるのかを扱う．たとえば，killed は語基 kill に接尾辞 ed が付加されることによって形成される．rung は，ring の母音を変えることによって形成されるなどである．

一方，語彙的語形成は，辞書と関係がある．たとえば，辞書には記載されていない新しい語基の形成過程や複数の形態要素からなる複合語基を扱う．伝統文法では，この分野を単に「語形成 (word-formation)」というが，本シリーズでは，屈折による語形成と区別するため，「語彙的語形成」とよぶことにする．

語彙的語形成は (15) の 3 つの操作にとくに関係している．

(15) i. 複合 (compounding)：2 つの語基 (base) を結合させて，新しい語基を形成する操作

ii. 派生 (derivation)：既存の語基に接辞を添加することにより，新しい語基を形成する操作

iii. 転換 (conversion)：つづりと発音を換えることなく，ある範疇の語基を別の範疇の語基に換えて新しい語基を形成する操作

複合の一例として blackbird（クロウタドリ）がある．blackbird は，2 つの語基 black と bird が結合されている．派生の一例として，efficiently（効率的に）がある．接辞（接尾辞 -ly）が形容詞語基 efficient に添加され，副詞が形成されている．派生には，範疇の変化をともなわないタイプもある．たとえば，inefficient（無能な）は接頭辞 in- を語基 efficient に添加させているが，efficiently と異なり，範疇は形容詞のままである．最後に，転換の一例として，I managed to elbow my way to the front.（私は何とか肘で押し分けながら，最前列に出た）の下線部 (elbow) がある．語基 elbow は本来，身体の一部を表す名詞（単数形は elbow，複数形は elbows）であるが，つづりを一切変えることなく転換によって，動詞 elbow (elbow, elbows, elbowed, elbowing は同じ語彙素に含まれる）が形成される．

4.4 文法概念 (grammatical concept) の定義

文法記述には必然的に，さまざまな文法用語や文法概念が必要となる．たと

えば，**名詞（noun）**，**動詞（verb）**，**過去時制（preterite）**，**命令節（impera-tive）**，**主語（subject）**，**目的語（object）** など，例をあげればきりがない．これらの文法概念をどのように解説し，定義するのがいいのだろうか．以下でみていこう．

■伝統文法が用いる概念的な定義（notional definition）

はじめに，辞書や伝統文法で使用されるなじみのある定義からみていこう．これは，文法特性ではなく，分類される表現の意味に基づいているので，**概念的な定義（notional definition）** として知られている．（16）に3つの文法概念とその代表的な定義を記す．

(16) i. 名詞： 人，場所，モノの名称 ⎫
　　 ii. 過去時制： 過去の動作や状態を表す時制 ⎬ ［概念的な定義］
　　 iii. 命令節： 命令を表す節 ⎭

（16）に従えば，ある語が名詞かどうかを判断するには，それが何を指し示しているのか判断すればよい．また，動詞の時制を判断するには，当該動詞はどの時期の動作や状態を指し示しているのか判断すればよいということになる．

　しかし，以前から（16）のような定義では十分ではないと言語学者は批判してきた．ほんの少し考えるだけで，語，動詞の形，節を正しく分類できないことはすぐにわかるだろう．はじめに，過去時制の定義（16ii）について，（17）を用いながらみていく．

(17) i. a. The finals started yesterday.
　　　　　　（決勝戦が昨日はじまった）
　　　 b. You said the finals started tomorrow.
　　　　　　（あなたは，決勝戦は明日はじまるといった）

ii. a. I gave them his address.

（私は彼らに彼の住所を教えた）

b. I regret giving them his address.

（私は彼らに彼の住所を教えたことを後悔した）

（17ia）の started は，yesterday が用いられていることから，過去時と関係していることがわかる．一方（17ib）は，tomorrow をともなっているので，started は未来の内容を表しているといえる．（16ii）の定義を振り返ると，（17ia）は過去時制の定義を満たしているが，（17ib）は過去時制の定義を満たしていないということは一目瞭然である．しかし，（17ib）の started が過去形であることに異を唱える人はいないだろう．（17ia）と（17ib）は，同じ動詞の形（started）が用いられているが，用法が異なる例である．これは極めて一般的な現象で，*start* だけでなくあらゆる動詞でみられる．これとは反対に動詞の形はそれぞれ異なるが，用法が同じという場合もある．その代表例が（17ii）である．（17iia）と（17iib）の下線部は，過去の出来事を表しているので，両方とも（16ii）の定義を満たしている．しかし実際のところ，（17iia）の gave は確かに過去形であるが，（17iib）の giving は過去形ではない．

　（16ii）の概念的な定義に従うと，（17ib）は過去時制ではないと判断され，（17iib）は過去時制と判断されてしまう．定義は，当該範疇の必要条件と十分条件を提示しなければならないとすると，（16ii）はどちらも満たしていないので，満足した定義とはいえない．つまり，（17ib）からわかることは，「過去のことを表しているということが必要条件にはならない」ということである．さらに（17iib）からわかることは，「過去のことを表しているということが十分条件にはならない」ということである．（16ii）の問題点は，時制に関する文法範疇（動詞の形）と時に関する意味範疇（動詞が表す時の意味）の関係は非常に複雑なのにもかかわらず，意味範疇によって直接的に文法範疇を定義できると仮定している点にある．

64 第Ⅰ部 英文法の概観

同様の問題は命令節でも生じる．(18) を比べてみよう．[11]

(18) i. a. Go to bed. (寝なさい)

　　　 b. Sleep well. (おやすみなさい)

　　 ii. a. Please close the door.

　　　　　(ドアを閉めてください)

　　　 b. Would you mind closing the door?

　　　　　(ドアを閉めてくださいませんか)

命令節によって一般的に伝達される意味を表す際に，「指令 (command)」という用語ではあまりにも限定的である．本シリーズでは，「指令」の代わりに「指図 (directive)」という用語を用いる．「指図」は，指令，命令，依頼，そのほか聞き手を説得して何かしてもらうという行為全般を網羅する．「指図」という用語に変更することにより，(18ia) と (18iia) は両方とも (16iii) を満たすことになるが，(18ib) は依然として満たしていない．(18ib) では，「ぐっすり眠りなさい」と相手に命令したり，要求したりしているのではなく，そのようにあって欲しいという願望を表している．しかし文法的にみると，(18ib) も (18ia) や (18iia) と同じ命令節に分類される．(18iib) は (18iia) と同じ内容を伝達しているが，文法構造はまったく異なる．(18iia) は命令節で (18iib) は疑問節である．したがって，(16iii) を満たすことは，命令節になることの必要条件でもないし (18ib)，十分条件でもない (18iib)．命令節も過去時制と同様に，形式と意味の関係は極めて複雑なので，意味のみに基づいて命令節を判断することはできない．

　(16i) の名詞の定義についても問題があるが，その理由は (16ii) と (16iii) でみたものとはいくぶん異なる．この定義では，「モノ (thing)」(もしくは

---

[11] 厳密に言えば，命令節という範疇は伝統文法では，節ではなく命令などを表す動詞の形に適用され，命令法を表す．本シリーズでは，英語の動詞屈折には命令の形式はないという立場をとる．つまり，命令節という概念は節全体に適用されると考える．ただし，どちらの定義であっても本シリーズの議論に影響はない．

第4章　理論的枠組み　　　　65

「名称」）という概念が曖昧すぎて使えないからである．たとえば，absence（欠席），fact（事実），flaw（欠点），idea（考え），indeterminacy（不確定性），lack（欠如），necessity（必要性）など抽象名詞といわれる名詞は無数に存在する．そのため，「モノ」は「有形物（physical object）」であると特定することはできない．しかしそれより前に，独立した文法根拠に基づいて，ある語が名詞か否か判断できないならば，当該の語がモノを表しているのか（つまり，モノの名称なのか）判断できない．たとえば，(19)をみてみよう．

> (19)　i.　I was annoyed at their rejection of my proposals.　　　[名詞]
> 　　　　（私は，自分の提案に対して，彼らが却下したことに腹を立てた）
> 　　　ii.　I was annoyed that they rejected my proposals.　　　[動詞]
> 　　　　（私は，彼らが私の提案を却下したので腹を立てた）

(19i)と(19ii)は，本質的には同じ意味を伝えているにもかかわらず，rejection は名詞で，rejected は動詞である．rejection と rejected のこのような違いは，「rejection がモノを表しているから名詞で rejected はモノを表していないから名詞ではない」ということではない．rejection と rejected では，生起する文法構造がそれぞれ異なるため，rejection のみが名詞に分類される．ここでいくつかの特徴的な違いをみていくと，rejection は rejections と単数形，複数形という対比を成すが，rejected は reject と過去形，現在形という対比を成す．rejected は他動詞なので，直接目的語（my proposals）を要求するが，名詞は直接目的語をとることはできない．そのため，(19i)のように前置詞付き補部（of my proposals）が必要である．また，rejected は主格主語（they）を要求するが，rejection は their のような属格や the のような限定詞を要求する．そして，修飾要素が必要な場合は，(19i)では形容詞（their immediate rejection of my proposals（私の提案に対する彼らの即座の却下）），(19ii)では副詞（that they immediately rejected my proposals（彼らが私の提案を即座に却下したということ））が要求される．

　意味のみに基づいて概念を定義しようとすると，その概念の使用を動機づ

けている文法的特性を特定していないという問題がある．英文法を提示する際には，名詞，過去時制，命令節などの概念を用いるが，その理由は，語，動詞の屈折，節構造について一般的な記述が可能となるからである．語彙素は，つぎにあげる 3 つの項目に基づいて，主要な範疇に分類される．

- ・屈折
- ・当該語彙素がとることのできる依存要素の種類
- ・当該語彙素が主要部となる句に関して，より大きな構造の中ではたす役割

たとえば，名詞は範疇の 1 つであり，動詞という範疇にはさまざまな屈折形が含まれるが，過去形はその中の 1 つである．節も範疇の 1 つである．たとえば，主語の有無，主語と動詞との位置関係，動詞の屈折形によって，つぎに示すような異なる構文が生じる．なお，(c) は「命令節」であるが，節の構文を表す用語の 1 つである．

- (a) You are punctual.
  （あなたは時間に正確ですね）
- (b) Are you punctual?
  （あなたは時間に正確ですか）
- (c) Be punctual.
  （時間を守れ）

名詞，過去時制，命令節のような概念について，満足のいく定義や説明を提供するには，対比関係にある概念どうしの文法特性を明らかにする必要がある．たとえば，(19) では rejection と rejected をみることにより，名詞と動詞の特性が明らかとなった．過去時制については，主につぎの 3 項目によって区別できることが示された．

- ・屈折形： 規則動詞は，接尾辞 -ed を付加する．過去分詞も同じ形な

ので注意が必要.

・生起場所： 現在時制と同様に，平叙節の動詞として生起できる.

Kim gave it away.（キムはそれをただであげた）

過去分詞は現在形や過去形の場所に生起できない.

*Kim given it away.

・主語との一致の欠如（唯一の例外は **be** 動詞）

命令節については，**be** 動詞の語形，二人称主語の省略可能性，否定文のつくり方の点で平叙節や疑問節と異なる．まとめるとつぎのようになる.

	命令節	平叙節／疑問節
be 動詞の語形	Be punctual.	You are punctual.
二人称主語	You be punctual. の 主語 you は省略可能	主語の省略は不可能 *Are punctual.
否定文のつくり方	**do** が要求される Don't be punctual. （時間を守るな）	平叙節では **do** は許容されない You aren't punctual. （あなたは時間に正確ではない）

　本シリーズで今後導入する概念についても，文法特性を特定することに力を注いでいく．しかし，そうだからといって，本シリーズが意味を軽視しているということではない．本シリーズは，文法概念と意味概念をきちんと区別する必要があると考えている．文法概念と意味概念を区別することによってはじめて，両者間の関係を記述するスタート地点に立つことができると考えるからである.

■一般言語レベルの定義と個別言語レベルの定義

伝統文法の意味に基づいた定義では，どれも満足のいくようには判断できないことをみてきた．そして，伝統文法の定義は，英語のどの表現が当該範疇に該当するのか判断できるように意図されていると考えた．しかしながら重要なこととして，英語の文法記述で用いられる用語は，英語に固有なのでは

なく，ほかの言語の文法にも適用できて当然である．そして，あらゆる言語の文法に共通した用語も存在するはずである．したがって，用語を定義したり，説明したりする際には，つぎの2つの課題を検討する必要がある．1つは，英語ではどのような文法特性によって範疇の分類ができるかという課題である．これは，今まで扱ってきた側面で，**個別言語的 (language-particular)** である．個別言語レベルの定義に従うと，当該言語（本シリーズでは英語）では，どの表現がしかるべき範疇に属するか判断できる．もう1つの課題は，個別言語の特性が言語間で異なるとすると，異なる言語において同じ文法用語が使えるのかということである．この場合，どのような規則によって言語事実を説明できるかという問題が生じる．これを**一般言語**レベルの課題とよぶことにする．たとえば，否定の命令文（Don't be punctual.）では助動詞 *do* が要求されるが，否定の平叙文（簡単にいえば，否定文）（You aren't punctual.）では要求されないというのは，明らかに英語の命令文に特化した性質であり，一般言語レベルでは成立しない．

　今までのことを踏まえると，伝統文法が仮定する概念的な定義は，個別言語レベルではなく，一般言語レベルで適用されるものとしてみなしたほうがよいかもしれない．もちろん，既存の定義は，英語のみに適用できるように意図してつくられたのではないが，学校で使われている教科書をみると，英語に特化した定義であることは紛れもない事実である．たとえば生徒は，教科書の定義を適用して，当該の語，時制，節がそれぞれ名詞，過去時制，命令節かどうかを判断できるように教えられる．伝統文法の定義は，個別言語レベルと一般言語レベルの両方で同時に適用できることを念頭に置いているが，本シリーズでは，2つのレベルを区別して別々に定義すべきであると考える．個別言語レベルでは，前の段落で指摘したように，形式に焦点を当てる必要がある．そして，当該範疇に分類される表現と別の範疇に分類される表現を比べて，両者を識別する文法特性を明示する必要がある．一方，一般言語レベルでは，意味を考慮に入れることは極めて理にかなっている．言語は意味を表すという役割を担っているので，文法特性が意味特性とまったく

第4章 理論的枠組み   69

無関係に決まるということはめったにない.

　一般言語レベルで定義するとき，その定義は個別言語ではなく，一般言語レベルで適用すべきとはっきりと示す必要がある．そして，形式と意味の関係は1対1ではなく，通常は複雑であることを認める必要がある．(16) の定義を一般言語レベルで定義し直すと，(20) のようになる.

(20) i. 名詞：　形態論的にもっとも基本的なメンバーが，人間，人間以外の生物有機体，無生物（自然物／人工物）といった有形物を特徴的に表し，文法的観点から明確に区別できる語彙範疇

　　 ii. 過去時制：（発話時を中心として）過去時の状況を示すのに主に用いられ，文法的観点から明確に区別できる動詞の屈折形

　　 iii. 命令節：　指図をするために特徴的に用いられ，文法的観点から明確に区別できる節構造

(20i) では，名詞に代表される特徴的な用法に加え，一般的な定義も明記している．そのため，(16i) で課題だった用語（「モノ」もしくは「名称」）の曖昧性の問題を回避できる．たとえば，(16i) では *rejection* (拒絶)，*arrival* (到着)，*idea* (考え) のような語彙素の扱いが課題だったが，(20i) の定義では，語彙素が有形物を表さないということは問題ではない．個別言語レベルの定義では，言語固有の文法特性が明示されているので，*rejection*, *arrival*, *idea* などが *girl* (少女)，*boy* (少年)，*daffodil* (ラッパスイセン)，*window* (窓) などと同じ名詞範疇に入るといえるのである．そして，英語の名詞範疇には，有形物で代表的な *girl*, *boy*, *daffodil*, *window* などの語彙素も含まれるので，(20i) の一般言語レベルの定義も満たされることになる．補足しておくと，抽象名詞の *rejection*, *arrival* は形態論的にみれば，動詞範疇に含まれる語彙素から派生した名詞である.

　(20ii) の定義では，動詞の屈折と用法は1対1の関係とは限らないので，しばしば1つの屈折に複数の用法があることを考慮に入れている．過去時制の用法を3つ紹介しよう.

70 第 I 部 英文法の概観

- (17ia)　The finals <u>started</u> yesterday.

　　　（決勝戦が昨日<u>はじまった</u>）

- (17ib)　You said the finals <u>started</u> tomorrow.

　　　（あなたは，決勝戦は明日<u>はじまる</u>といった）

- I wish the finals <u>started</u> tomorrow.

　（明日，決勝戦が<u>はじまった</u>らいいのに）

(17ia) の started は過去時を表している．(17ib) をみると，started は said の補部として機能する従属節の中に入っている．実際の発話は，The finals start tomorrow.（決勝戦は，明日はじまる）だったと考えられるが，過去時の出来事を表してはいない．(17ib) は間接話法といわれる用法なので，現在形の start ではなく過去形の started が用いられている．最後に，過去時制の一例として，3番目の文も該当する．この文は，決勝戦は明日はじまらないけれども，そうなればいいのにという事実に反する願望を述べている．これら3つの用法のうち，(17ia) に代表される過去時を表す用法が過去時制の基本的な使い方である．残り2つは，*say* などの報告動詞や *wish* の補部など特殊なコンテクストで使用が認められるが，この場合の動詞の形も**過去形**とみなすことができる．

　(20iii) も同様に，(16iii) で指摘した問題を克服できる．(18) を再検討すると，(18ib) の Sleep well. は，(18ia) の Go to bed. や (18iia) の Please open the door. と同じように命令節に分類される．この形式をともなう節の多くでは，相手への指図が目的なので命令節とよばれる．(18iib) の Would you mind closing the door? は，英語の命令節に特徴的な形式をしていないので，個別言語レベルでは命令節とはみなされない．

一般言語レベルにおける文法的弁別性（grammatical distinctiveness）に関する条件

(20) の一般言語レベルの定義は，文法的な弁別条件（文法的に識別可能であること）が求められる．弁別条件とは，個別言語レベルで文法定義が存在する場合に限り，それに対応する一般言語レベルの定義も当該言語にあてはまることを意味する．

　伝統文法の重大な欠点は，現代英語にはない範疇を取り入れていることである．しかも，その数は非常に多く，ラテン語（一部には古い時期の英語）の特性に基づいている．わかりやすい例として，与格屈折をあげることができる．伝統文法の辞書または教科書では，(21i) のように定義されているが，本シリーズでは (21ii) のように定義できる．

- (21)　i.　与格（dative）：　間接目的語（indirect object），つまり受益者（recipient）を表す名詞などの格
- 　　　ii.　与格：　間接目的語を表示するために特徴的に用いられ，文法的観点から明確に区別できる格

つぎの文をみてみよう．

　　　He gave Caesar a sword.
　　　（彼はカエサルに剣を与えた）

(21i) に従うと，この文の Caesar は以下のように記述できる．

　　　Caesar は間接目的語として機能しており，受益者という意味役割を表している．したがって，与格の形で表れている．

多くの伝統文法書や教科書（とりわけ，古いもの）では，このような分析をしている．しかし，現代英語には与格はない．たとえば，ラテン語では，**Caesar** という語彙素に間接目的語（Caesarī），主語（Caesar），直接目的語（Caesarem）が含まれる．これらは形式の上で弁別されるので (21ii) を満

たしている．しかし，英語では，Caesar が文中で主語，直接目的語，間接目的語のいずれの機能を担おうと，名詞の形が変わることはない．代名詞は名詞よりも屈折に富んでいるが，それでも間接目的語が屈折によってほかの機能と識別されることはない．したがって，英語は（21ii）を満たしていないので，名詞の屈折範疇に与格を仮定する根拠はない．[12]

---

[12] （21ii）では，（21i）で使用されている受益者という用語は省略するが，間接目的語の定義で使用する．なお，間接目的語とは，目的語の下位グループに属し，典型的に受益者を表す．

第5章　意味論，語用論，そして意味関係

意味自体や文が意味をどう表すかを考慮しないで文形成を記述しようとする文法書はほとんどない．それは，英語などの人間の言語は，思考を組み立てて，内容のあるメッセージを相手に伝えることを目的とした体系であると誰もが考えているからであろう．そして，意味と文法はある程度，切っても切れない関係にあるというのは当然の仮説である．本シリーズは英語の意味を完全に網羅した文法書ではないが（英語の完璧な意味記述を提示しようとすると，はてしない大事業になってしまうだろう），頻繁に意味の問題を扱っていく．その際，以下でみるように，意味を単一の現象ではなく，いくつかの現象に分けて扱っていく．

■ 意味論と語用論の違い

意味の分析は，**意味論（semantics）** と **語用論（pragmatics）** の2つの主要分野に分類できると仮定する．意味論は，話されるコンテクスト（文脈）とは関係なく，文に慣習的に付与される意味を扱う．語用論は，コンテクストの中でどのように発話が解釈されるのかを扱う．また，同じ文でもコンテクストによって言外の意味を伝えることができるとき，どのように伝達されるのかということも扱う．

74 第 I 部　英文法の概観

意味論の真理条件的側面と非真理条件的側面

文の意味が真理値と関係しているか否かによって，意味論を下位分類できる．たとえば，（1）を考えてみよう．

(1)　I have just had a letter from the tax inspector.
　　（私は，税務調査官から手紙を受けとったところだ）

英語の話し手ならば，真の陳述をするためには，（1）をどのような状況で述べなければならないか知っている．これは極めて重要なことであるが，意味に対してさらに重要なことがある．たとえば，つぎの文を考えてみよう．

　　Have you just had a letter from the tax inspector?
　　（あなたは，税務調査官から手紙を受けとったところですか）

これは疑問文であるが，疑問文は真の陳述をする際には，通常用いることができない．したがって，真の陳述と同じ条件に基づいて，この疑問文の意味を記述することはできない．それにもかかわらず，真理条件は，意味を正確に知る上でとても重要なものである．第5章では，はじめに真理条件を解説し，その後，文の意味のほかの側面についても検討していく．そして，語用論へ議論を進め，コンテクストの中での文解釈を検討していく．

5.1　真理条件 (truth condition) と論理的含意 (entailment)

■文と命題 (proposition)

文はそれ自体，真でもなければ偽でもない．つまり，文自体は**真理値 (truth value)** をもたないので，英語の文として，（1）が真か偽かを問うのは意味がない．真か偽かの問いは，特定の状況で当該文が使用される時にのみ可能となる．なぜなら，誰がいつ当該文を発話するのかによって，この問いの答えも変わるからである．これはまさに，上で述べたように，（1）の文意を知ることは，真の陳述をする条件を知ること―ようするに，（1）の**真理条件**

(truth condition) を知ること――にかかわる．(1) の話し手はそれが誰であろうと，発話の少し前に税務調査官から手紙を受けとったに違いない．

真か偽かの真理値をもつ抽象的な表現を**命題** (proposition) という．平叙文は，命題を**断定する** (assert) ために，特定のコンテクストで使用できる．そして前の段落から明らかなように，誰がいつ発話するのかによって無数の異なる命題が可能となるが，それを主張するのに (1) を用いることができる．(1) の真理条件を記述することは，ある特定のコンテクストで命題が真となるために，どのような条件を満たす必要があるかを述べることでもある．しかしながら本シリーズでは，一般的慣習に倣って，当該の条件下で文が主張する命題が真であるというのではなく，もっと簡潔に，当該の条件下でその文が真であると述べることにする．

2つの文の真理条件が異なる場合，必然的に文の意味も異なる．つぎのペアを考えてみよう．

(2) i. a. The UK is a monarchy.

(英国は，君主制の国だ)

b. The UK has a queen as sovereign.

(英国は，女王が君主として君臨している)

ii. a. The committee approved of my plan.

(委員会は私の計画に賛成した)

b. The committee approved my plan.

(委員会は私の計画を認可した)

The Cambridge Grammar of the English Language が刊行された 21 世紀の始まりの頃は，(2ia) と (2ib) が表す命題は両方とも真だが，これが変わる可能性もある．男性が王位を継承した場合はどうなるだろうか．(2ia) は引き続き真の命題だが，(2ib) は偽の命題となる．(2ia) と (2ib) の真理条件は異なるので，このように一方が真で，もう一方が偽となる状況が可能となる．(2ii) は (2i) よりわかりにくいかもしれないが，同様のことがいえ

る. (2iia) が真となるには，委員会が私の計画に賛同するだけでよい. 一方，(2iib) の場合は，私の計画を実行するに当たって，委員会が決定権をもち，何らかの対策を講じたことが必要になる. したがって，(2iia) が真となる条件は，(2iib) が真となる条件と完全に一致しているわけではないので，意味に違いが生じるのも当然である.

■ 論理的含意 (entailment)

真理条件は，(3) に示す**論理的含意 (entailment)** によって記述できる（第I部では，定義を提示する際に合同記号（≡）を用いるが，これは，左辺と右辺が定義により等しいことを表す）.

(3) X が Y を含意する ≡ もしX が真ならば，必然的に Y も真である.

厳密にいえば，真理値を含むのは命題なので，論理的含意は命題間の関係を表している. ただし，論理的含意を (4) のように文に派生的に適用することも可能である.

(4) i. Kim broke the vase. [(4ii) を含意する]
(キムはその花瓶を割った)

ii. The vase broke. [(4i) によって含意される]
(その花瓶が割れた)

iii. Kim moved the vase. [(4ii) を含意しない]
(キムはその花瓶を移動させた)

もし (4i) の命題がいかなるコンテクストでも真であるならば，(4ii) の命題も同じコンテクストで真でなければならない. 命題 (4i) が命題 (4ii) を含意し，文 (4i) が文 (4ii) を含意する. この場合，X が真で Y が偽であるコンテクストは矛盾している. たとえば，つぎの文は一貫性のない内容となっている. シャープ記号 (#) は，この文は文法的ではあるが，意味論的・語用論的にみて変則的 (anomalous) であることを示す.

第5章 意味論，語用論，そして意味関係 77

#Kim broke the base but the vase didn't break.

（キムはその花瓶を割ったが，花瓶は割れなかった）

一方，(4iii) は (4ii) を含意しないので，つぎのように文を続けることも可能である．つまり，(4iii) が真で (4ii) が偽であってもまったく問題はない．

Kim moved the vase but the vase didn't break.

（キムはその花瓶を移動させたが，花瓶は割れなかった）

(4) の論理的含意を表すと，たとえば，以下のように提示できる．

・the vase broke
・"The vase broke"
・*The vase broke*

これら3つのうちどの表示方法を採用しようと，(3)（「X が Y を含意すること」と「Y が真ではないならば，X も真となることはないこと」が同値である）の定義に基づいている．つまり，Y が真であるということが X が真となる条件なので，文の論理的含意を提示することは，文の真理条件を提示することと同じである．

■閉鎖命題 (closed proposition) と開放命題 (open proposition)

構文によっては，命題の概念を洗練させる必要がある．上述した命題では，要素が補充できる場所がどこにも残されていないので，当該の命題は，正確にいえば，**閉鎖命題 (closed proposition)** とよばれる．ほかにも，つぎのような命題では，どのような行為がなされたのか，誰がそれをしたのか，何を見せたのか，どこで起きたのか，いつ起きたのかという情報がすべて満たされているので，この命題は閉鎖命題である．

Sandy showed me that at the office last week.

（先週サンディは，職場で私にそれをみせた）

それに対して，補充すべき場所が残されている**開放命題（open proposition）**もある．たとえば，つぎの意味を考えてみよう．

What did Sandy show you at the office last week?

（先週，サンディは，職場であなたに何を見せたのですか）

略式には，"Sandy showed you x at the office last week" と表示できる．x はプレースホルダー，つまり**変項（variable）**で，必要な情報が補充されていないことを示す．What did Sandy show you at the office last week? のような開放疑問文では，聞き手に開放命題を提示し，欠けている情報は返答で補充されることが求められている．開放命題に必要な情報が提供され，変項に情報が満たされると，開放命題は閉鎖命題となる．

5.2 文の意味の非真理条件的側面

■ 発語内の意味（illocutionary meaning）と命題内容（propositional content）

第5章冒頭で，文の意味には真理条件以外にも重要なものがあると指摘した．その際に，平叙文と疑問文の違いを引き合いに出したが，(5) を比べてみよう．

(5) a. Kim broke the vase.

（キムはその花瓶を割った）

b. Did Kim break the vase?

（キムはその花瓶を割りましたか）

(5b) は陳述を行うときは用いない．したがって，真理条件も論理的含意と

第 5 章　意味論，語用論，そして意味関係　　79

もなっていない．それにもかかわらず，(5a) と (5b) は，形式と意味の両方
の側面で部分的に似ていて，部分的に異なっていることは直感的に明らかで
ある．形式をみると，**節のタイプ** (**clause type**) ((5a) は平叙文，(5b) は
疑問文) の点で異なるが，それ以外の点では同じである．たとえば，(5b) は
(5a) に**対応した** (**counterpart**) 疑問文である．節のタイプごとに対応する
意味を**発語内の意味** (**illocutionary meaning**) とよぶ．(5a) は陳述，(5b)
は質問という発語内の意味をもつ．

　(5a) と (5b) の共通点は，同じ命題を表しているということである．ここ
でいう「表す (express)」とは，陳述と質問の区別をしない中立的な意味で
用いている．(5a) では，キムが花瓶を割ったという命題を主張するのに用
いることができる．(5b) では，その命題を尋ねるのに用いることができる．
いずれの場合も，同じ命題を表している．疑問文ならではの特徴は，それに
対応する答えがあるということである．(5b) に対する答えは，(5b) が表す
命題 Kim broke the vase. またはその否定 Kim didn't break the vase. (キム
はその花瓶を割らなかった) から導くことができる．このように，(5a) と (5b)
は発語内の意味は異なるが，**命題の意味** (**propositional meaning**) という
点で似ており，同じ**命題内容** (**propositional content**) をもつといえる．

■ 慣習的推意 (conventional implicature)

同じ発語内の意味をもつ文であっても，真理条件が同じで，異なる意味を伝
えるという可能性がある．つぎのペアを考えてみよう．

　(6)　i.　a.　She is flying up there and taking the train back.
　　　　　　　（彼女は飛行機であそこへ行き，そして電車で戻る予定だ）

　　　　b.　She is flying up there but taking the train back.
　　　　　　　（彼女は飛行機であそこへ行くけれども，しかし電車で戻る予定だ）

　　　ii.　a.　Max agreed that his behaviour had been outrageous.
　　　　　　　（マックスは，自分の態度が無礼だったと認めた）

b. Even Max agreed that his behaviour had been outrageous.

（マックスでさえ，自分の態度が無礼だったと認めた）

iii. a. I've just realised I've got to work out my sales tax.

（私は，売上税を算出しなければならないことにたった今気がついた）

b. I've just realised I've got to work out my bloody sales tax.

（私は，ばかばかしい売上税を算出しなければならないことにたった今気がついた）

はじめに，（6ia）と（6ib）をみてみよう．彼女があそこに飛行機で行き，電車で戻る予定ならば，（6ia）と（6ib）ともに真である．つまり，同じ真理条件，同じ論理的含意をもつ．したがって，一方の陳述が真で，もう一方の陳述が偽であるコンテクストは存在しない．しかし，この2つの文は同じ命題を伝えているにもかかわらず，完全に**同義的**（**synonymous**）であるとは感じられない．（6ia）は中立的な状況で用いられるのに対して，（6ib）は1番目の節と2番目の節に何らかの対比がある場合に用いられるだろう．たとえば，私たちは彼女が帰りも飛行機で帰ってくると思っていたが，彼女自身は予想に反する行動をとっている，または，行きは本を読む時間がないが，帰りは電車なので，十分に時間が確保されるだろうといった対比が感じられる．何が対比されているかは明示されていないが，中立的な等位詞 and ではなくbut が使われているので，2つの節にはある種の対比がともなうことがわかる．しかし，対比の意味は命題の意味には含まれていない．そのため，（6ib）の応答として，つぎのような文をいうことは適切とはいえないだろう．

That's false, though I concede that she is flying up there and taking the train back.

（それは間違っている．彼女は飛行機であそこへ行き，電車で戻る予定ということは認めるけれど）

（6ii）も（6i）と似ている．ただし，（6i）では語の選択（and または but）

という点で異なるが，(6ii) では even が使用されているか否かという違いがある．even が追加された (6iib) では，自分自身の態度が無礼だと認めた人が複数いて，なんとあのマックスも認めたという意味が全面に伝わる．言い換えると，マックスが認める可能性は，ほかの人よりも低かったということである．この意味の違いは，命題の意味には含まれていない．(6iia) と (6iib) の真理条件は同じなので，(6i) と同様に，一方が真でもう一方が偽であるというコンテクストは存在しない．しかし，2つの文の意味には微妙な違いがあることは直感的に明らかである．

　同じことが (6iii) にも当てはまる．(6iiib) の bloody は，売上税報告規定に対する怒りや反感，または，売上税を自分で算出しなければならないことに対する怒りなどを表すはたらきを担っている．しかし，そのような感情は，命題の意味には含まれていない．(6iiib) の真理条件は (6iiia) と完全に同じである．

　命題に含まれていない非命題的意味は，but, even, bloody などによって伝えることができるが，本シリーズでは，これを**慣習的推意 (conventional implicature)** とよぶことにする．(6) でみた慣習的推意を振り返ると，(6ib) では，彼女が飛行機で行くのと電車で帰るのにはある種の対比が示されている（つまり**推意される (implicate)**）が，そのことをはっきりとは述べていない．(6iib) と (6iiib) も同じである．慣習的推意を含む特徴として，論理的含意（entailment）と異なり，陳述をする平叙文に限定されないことがあげられる．たとえば，以下の文は平叙文ではないので真理条件はもたないが，上記で述べた慣習的推意はともなう．

- Is she flying up there but taking the train back?
  （彼女は飛行機であそこへ行くけれども，電車で戻る予定ですか）
- Did even Max agree that his behaviour had been outrageous?
  （マックスでさえ，自分の態度が無礼だったと認めたのですか）
- Have you ever had to do a bloody sales tax report?

82 　　　　　　　　　　第 I 部　英文法の概観

（あなたは，ばかばかしい売上税の報告書を作成しなければならなかったのですか）

5.3　語用論と会話の推意（conversational implicature）

語用論は第 5 章冒頭でも述べたように，言語体系の単位の 1 つである文の意味を研究対象としているのではなく，コンテクストの中で使用される発話の解釈を研究対象としている．発話を解釈するには，文の意味だけでは不十分で，さまざまな事項が解釈に関与している．たとえば，(7) で代表例をみていこう．

(7)　i.　Do you think I could borrow five dollars from you?

　　　　（5 ドル貸していただけませんか）

　　ii.　If you agree to look after my horses after I die, I'll leave you my whole estate.

　　　　（もし私の死後，馬の世話をしてくれるのならば，私の全財産をあなたに残します）

　　iii.　Some of the audience left the room before the first speaker had finished.

　　　　（聴衆の一部は，最初の講演者の話が終わる前に退出した）

(7i) に関して，つぎの状況を仮定しよう．スーとジルはサンドイッチを買うために学食のレジに並んでいる．ジルは 20 ドルを手にもっている．スーはお財布を見たら，わずか数セントしか入っていないことに気づき，(7i) をいう．文字どおりの意味では，「スーがジルから 5 ドル借りることができるとジル本人は思うかどうか」を尋ねた疑問文である．可能な答えとして 2 つある．1 つは「はい」（つまり，「私は，あなたがお金を借りることができると思う」），もう 1 つの答えは「いいえ」（つまり，「私は，あなたがお金を借りることはできないと思う」）である．しかし，このコンテクストでジルが

第 5 章　意味論，語用論，そして意味関係　　83

Yes, I do.（はい，そう思います）と答えたら奇妙であり，会話は思うように進
まない（協調的ではない）と感じるだろう．このように返答されたら，スー
はもっと直接的に自分の思いを伝える必要があり，たとえばつぎのように
いって頼む必要があるだろう．

> Well, lend it to me then, right now, because I can't afford to pay
> for this sandwich.
>
> （ねぇ，サンドイッチ買うお金がないから，今すぐに 5 ドル貸して）

　通常ジルは，つぎの推論に基づいて振る舞うことが期待される．それでは，
ジルの心の中をのぞいてみよう．スーと私はサンドイッチ代を払わなければ
ならない．スーはレジのところで財布をみたら，ほとんどお金が入っていな
いことに気づいた．そして，私が 5 ドル貸すのは可能か尋ねている．スー
は，私が 20 ドルもっていて，サンドイッチはせいぜい 5 ドルくらいである
ことはわかっている．だから，私が 5 ドル貸す余裕はあると考えている．
したがって，スーは，私が yes（はい）と答えてくれると思っているにちが
いない．そもそも，私の懐具合について，なぜ私の意見を求めているのだろ
うか．この疑問文の本当の意図は何だろうか．状況から推測すると，スーは
今すぐにお金を貸して欲しいといいたいのだろう．

　このことからわかるように，(7i) には Please lend me $5.（5 ドル貸してく
ださい）が言外に意図されている．協調的な聞き手ならば，上記のような推
論プロセスを意識的に確認しなくても，話し手の意図がすぐにわかるだろ
う．しかし，言語を専門に勉強しているのであれば，つぎのことを理解する
必要があるだろう．

　　(a)　(7i) に Please lend me $5. の意図が含まれているのは，(7i) の
　　　　意味論的意味ではなく，特定のコンテクストの中で伝えることが
　　　　できる語用論的意味である．
　　(b)　語用論的解釈は，文の意味とコンテクスト間の相互作用によって

体系的に導き出される.

第5章冒頭でも述べたように,意味論は文の中で直接的に表される（つまり記号化される）意味を扱う分野である. それに対して,語用論は,発話がコンテクストの中でどのように解釈されるのかを扱う分野である. 語用論の中心的な原則に,聞き手は当該発話がコンテクストと**関連している（relevant）**と考え,通常はその関連性に基づいて発話を解釈しようとするものがある. この原則は,発話解釈をスムーズに行うのに大いに役立つ.

発話解釈にともなう関連性の原則は,(7i) でとくに顕著である. スーの質問の関連性は,お金を貸してほしいということである. (7ii) においても関連性の原則がわかる. この文では,「もし馬の面倒をみるつもりがないなら財産をあげない」ということは明示していない. つまり,文の意味にはこの内容は含まれていない.「もしPならばQが成り立つ」という命題は,「Q」が真となるために,「P」が必ず真であるということをいっているのではない. つまり,財産をもらうために馬の世話をしなければならないといっているのではない.[1] しかし,(7ii) をいわれれば聞き手は必ず,馬の世話をすることに同意しなければ財産はもらえないと考える. それはなぜだろうか. 答えは,もしこの推測が違うならば,わざわざ馬に言及する必要がないからである. 馬を世話することがコンテクストの中で何らかの関連性がある

---

[1] (7ii) よりも,つぎの文のほうがわかりやすいかもしれない.

    If a house collapses directly on me I will die.

    （もし家が崩壊したときに私が下敷きになったならば,私は死ぬだろう）

この文は,家が崩壊しなければ,私は永久に死なないということは含意していない. ほかの例として,つぎの文を考えてみよう.

    If you need some more milk there's plenty in the fridge.

    （もう少し牛乳が飲みたいなら,冷蔵庫にたくさんあるよ）

この文は,あなたが欲しいときのみ冷蔵庫にたくさん牛乳があるという意味ではない. もし冷蔵庫に牛乳があるならば,あなたが牛乳を欲しいかどうかにかかわらず,冷蔵庫の中には牛乳があることを意味している.「もしPならば,Qが成り立つ」という文の意味から,「もしPでなければ,Qは成り立たない」も示唆されることはしばしばあるが,それは意味論的意味にかかわる問題ではない.

ならば，財産をもらうための必要条件に違いないと聞き手は思うだろう．このように聞き手は，文中のあらゆる要素がコンテクストの中で関連するような解釈をみつけようとする．意味論的には，馬の世話が財産をもらうための前提条件であるとはいっていないが，語用論的には，それは確かに前提条件として解釈される．

最後に，(7iii) をみてみよう．たとえば，私が最近出席した週末セミナーについてあなたに説明をしているときに，(7iii) をいっている場面を仮定しよう．あなたは (7iii) を聞いて，最初の講演者が話し終わる前に，聴衆全員が部屋を出たわけではないと推測するだろう．しかし，そのような内容は，文自体の意味には含まれていない．some は "not all" ということを**意味 (mean)** していない．"not all" の解釈は，語用論の原則によって説明できる．私はその場にいたので，最初の演説者が話し終わる前に，聴衆全員が退出したかどうかはわかっている．仮に，私は全員が退出したことを知っているとしよう．もしそうならば，「全員が退出した」というだろう．なぜなら，大勢の聴衆が一斉に退出することは見慣れない光景であり，一部が退出するよりも聞き手に伝達する価値が十分にあるからである．したがって，(7iii) では，all を用いると真実に反してしまうので，話し手は some を使ったと考えるのは自然である．それ以外に some を使う理由がないのである．

(7iii) に関連して，あなたと私のつぎの会話を考えてみよう．

> あなた：　Have all the questionnaires been returned?
> 　　　　　（アンケート用紙は全部戻ってきましたか）
>
> 　私：　I don't know: some have, but I can't say whether they all have.
> 　　　　（わかりません．一部は戻ってきたけれど，全部かどうかはわかりません）

もし some が "not all" であるならば，私の返答は矛盾したものになってしまうだろうが，明らかに矛盾はしていない．返答文で some が用いられた理由は，all を用いると誤った内容を伝達してしまうということではなくて，all といえるだけの知識や証拠がないことがその理由である．

（7i–iii）の発話解釈の記述をする際に，推意（implicature）の概念を用いることができるが，より具体的にいえば，（7i–iii）は**会話の推意（conventional implicature）**というものに分類される．たとえば，上記で仮定したコンテクストで（7iii）を発話した場合，「最初の講演者が話し終わる前に退出したのは，すべての聴衆というわけではない」ことが会話から推意される．

■ 論理的含意（entailment）と 2 種類の推意（implicature）との関係

本章で紹介した論理的含意（entailment），慣習的推意（conventional implicature），会話の推意（conversational implicature）をまとめると（8）のようになる．

（8）

含意または推意の名称	適用領域	真理条件
論理的含意（entailment）	意味論的	従う
慣習的推意（conventional implicature）	意味論的	従わない
会話の推意（conversational implicature）	語用論的	従わない

推意（implicature）は，真理条件には従わないという点で，論理的含意（entailment）と区別される．また，陳述文以外にも適用される．推意はさらに，慣習的推意と会話の推意の 2 つに分類される．これらは文の慣習的意味なのか，それとも会話の協調原理によって文の意味と発話のコンテクストの関係から生じるのかが異なる．本シリーズでは，会話の推意が談話解釈で重要なはたらきをしていると考えるので，慣習的推意よりも会話の推意を中心に扱っていく．「推意（implicature）」という用語を特段の但し書きなく用いるときは，デフォルトとして会話の推意の意味で使用する．推意（implicature）の動詞形は**推意する（implicate）**である．さらに，**伝える（convey）**という用語は，「論理的に含意する（entail）」と「推意する（implicate）」の中立的な意味で用いる．

会話の推意は，文の意味には含まれない．文の意味にコンテクストが加わることによって，聞き手は会話の推意を推測できるが，それは実際に**いわれ**

た（**said**）意味ではない．それにもかかわらず，会話の推意は一般性が高い
ので，特別な要因が関与している場合を除いて，どのような推意が発話にと
もなっているか容易に推測できる．そのように推測可能な場合，文が通常，
何かを推意するという言い方をすると便利である．たとえば，（7iii）は一般
的には，聴衆の全員が，最初の講演者が終わる前に退出したわけではないと
いう推意が通常は得られる．これは，通常のコンテクストでその文を発話す
れば，それを否定する要因がない限りはその推意を伝えるものである，とい
うことを簡潔に述べたものである．会話の推意をつぎのように定義する．

(9) X は通常，会話の中で Y を推意する ≡ X は Y を論理的に含意
（entail）しないけれども，話し手が X をいうとき，Y が偽である
ことが示されていなければ，Y が真であることが暗黙のうちに約
束される．

Y が偽であることが示された場合，会話の推意は**取り消された**（**cancelled**）
という．たとえば，（10）をみてみよう．

(10) Some if not all of the delegates had been questioned by the police.
（議員のうち，仮に全員とはいわないとしても，何人かは警察からの尋問を
受けた）

下線部 if not all がなければ，some は（7iii）と同様に "not all" を推意し，
「議員の全員が警察からの尋問を受けたわけではなかった」という解釈が可
能となる．しかし，（10）の if not all は，議員全員が尋問を受けた可能性を
否定しておらず，会話の推意は取り消される．（7i）においても，コンテクス
トによっては，会話の推意が取り消されることがある．たとえば，私がある
機関の会計係として働き，5 ドルの借金が法律上可能か尋ねている状況なら
ば，（7i）で推測される会話の推意は取り消される．
　推意の取り消しは，会話の推意がもつ基本的特徴である．発話によって伝
達される内容がコンテクストには関係なく，文解釈の不変的な部分であるな

らば，それは，慣習的推意または論理的含意のどちらであろうと文の意味の一部である．ただし，会話の推意には，取り消される状況を想像しにくい極めて**強い (strong)** 推意もあり，そのようなものは文の意味の一部として誤解される危険がある．しかし，推意の取り消しが可能な場合と不可能な場合を区別することは重要である．たとえば，some の "not all" という部分が会話の推意として認識されないならば，some を含む名詞句の量化現象を説明できないだろう．

5.4 語用論的前提 (pragmatic presupposition)

最後に，**前提 (presupposition)** との意味関係について考えていく．(11) をみてみよう．

(11) i. She has stopped trying to secure her son's release.

　　　（彼女は，息子の解放に向けて努力するのをやめた）

　　 ii. She hasn't stopped trying to secure her son's release.

　　　（彼女は，息子の解放を実現させようと努力するのをやめていない）

　　iii. Has she stopped trying to secure her son's release?

　　　（彼女は，息子の解放を実現させようと努力するのをやめたのですか）

　　　　　　　　　　　　　　　　［(i)–(iii) は (iv) を前提とする］

　　 iv. She formerly tried to secure her son's release.

　　　（彼女は，以前，息子の解放を実現させようと努力した）

前提とは，情報の状態と関係している．前提に含まれる情報とは，背景であり，当たり前とされる事柄であり，現在は焦点の対象ではない事柄として提示される．たとえば，(11i-iii) は，(11iv) を前提とする．つまり，(11i-iii) では，過去に彼女が自分の息子を解放しようと努力したかどうかに焦点が当たっているのではなく，彼女が現在その活動をしているかどうかに焦点が当たっている．

第 5 章　意味論，語用論，そして意味関係　　　89

　（11i–iii）をみると，節のタイプはそれぞれ異なるが，（11iv）を前提としている．このことから，当該文が否定文であろうと疑問文であろうと，同じ内容を前提にできることがわかる．否定文の時は，前提ではなく現在問題となっている内容に対して否定が適用される．もし彼女が息子の解放に向けた努力を一度もしていないとしても，（11ii）は厳密にいえば真である．しかし，一般的にそのような発話は非効率的であり，誤解を招く恐れがあるだろう．（11ii）の代わりに，つぎのような発話のほうが簡単であり，直接的であり，明示的であろう．

　　She never tried to secure her son's release.
　　（彼女は，息子の解放を実現させようと一度も努力しなかった）

話し手がこの文ではなく（11ii）を述べると，聞き手は stopped に否定要素が加わると推測する．そのため，彼女は依然として解放実現に向けてあきらめていないことが（11ii）では推意される．（11iii）のような疑問文も同様である．もし話し手が，彼女がかつて息子の解放実現に向けて努力したかどうかわからず，その情報を知りたいならば，つぎのように尋ねるのが一般的だろう．

　　Did she try to secure her son's release?
　　（彼女は，息子の解放を実現させようと努力しましたか）

この疑問文ではなく（11iii）を尋ねたら，話し手は現在の状態を知りたがっていると推測するのが自然である．

　前提は，語用論的であるという点で会話の推意と似ている．[2] また，会話の推意と同様に，前提はまず発話に適用するが，派生的に文に適用できる．

───────────────

　[2] 別の見方として，前提は論理的，意味的概念であるというものがある．この見方に従うと，前提を含む命題が真または偽であるためには前提の命題は真でなければならない．たとえば，（11iv）が偽であるというコンテクストを考えてみよう．その場合，（11i, ii）は真でなければ偽でもない，真理値を欠いているにすぎないとみなす（または，真偽とは異なる第 3 の真理値を採用する必要があるだろう）．本シリーズでは，このような前提の概念は採用しない．もし命題が真ではないならば，それは偽であるとみなす．

90 第 I 部　英文法の概観

(9) と同じように「通常」という表現を使って，前提を (12) のように定義
する．

(12)　X は通常 Y を前提とする ≡ X を発話するとき，Y が偽であるとい
わない限り，Y が真であることを話し手は当然だと考える．つま
り，現在，問題とはなっていないものとして Y を提示する．

特別な状況では，(9) と同様に，前提が取り消される場合もある．たとえば，
(13) を考えてみよう．

(13)　A:　Have you stopped using bold face for emphasis?
（あなたは，強調に太字を使うのをやめたのですか）

B:　No I haven't (stopped using bold face for emphasis); I've
always used small caps.
（いいえ，（強調に太字を使うのをやめていません）私はいつもスモー
ル・キャピタルを使っています）

A は，B が以前は強調に太字を使っていたことを前提として質問している．
それでは，A の前提が間違いだったことが判明したという状況を仮定して
みよう．B は，A の問いに否定文で答えている．しかも，A の疑問文を受
けて答えているので，通常は A が想定していた前提が正しい．しかし，
(13) のコンテクストでは，この前提が取り消されている．

　X が (11i) のように肯定平叙文の場合，動詞 *stop* に関連した前提は，論
理的含意 (entailment) と一致する．それに対して，X が (11ii) のような否
定文や (11iii) のような疑問文の場合，会話の推意と一致する．今までに一
度もやったことがない事柄に対して，それをやめるとはいえない．したがっ
て，(11i) は (11iv) が真でない限り，真とはなりえない．つまり，(11i) は
(11iv) を論理的含意 (entailment) する．一方，(11ii) のような否定文の場
合，(13) からも明らかなように，(11iv) を論理的に含意するとはいえない．
しかしながら，(11ii) を聞けば，聞き手は通常，(11iv) の推意も得られる

第 5 章　意味論，語用論，そして意味関係　　91

と考える．したがって，(11iv) は会話の推意とみなすことができる．(11iii)
の論理的含意のない疑問文についても同じことがいえる．

　(11) は前提の一般例であり，「X が肯定文で真であるならば，Y は通常，
含意される．そうでなければ，Y は会話から推意される」ことがわかった．
しかしこれは，前提の絶対的な特徴ではないので注意する必要がある．

第 II 部

統語論概観

　本シリーズ『英文法大事典』全 11 巻の長さと性格からして，第 1 巻から順々に読み進めていく読者は少なく，むしろ，個別の巻や一部分だけを読み，その前の部分は読まないことが多いだろう．よって，第 II 部では，読者が読みたい箇所を本シリーズ全体の中に位置づけながら読むことができるよう，統語論の概観を提示する．

　この部では，第 1 章でまず文と節の関係を明らかにしたうえで，本シリーズの構成の核となる基本節と非基本節という区別を第 2 章で導入する．第 3 章以降は，本シリーズ（第 1 巻〜第 8 巻）で扱う統語論とかかわる事項に焦点をあて，とくに，伝統文法との違いを明確にしながら概観する．第 8 巻で扱う句読法と第 10 巻で扱う形態論についてはここでは省略する．

第1章　文と節

語をつないで文をつくる方法を扱う領域を統語論（syntax）という．文を最大の単位とし，語を最小の単位とする．合成的な語の構造も文法の問題——統語論というより形態論（morphology）の問題——であるが，テキストや談話内での文と文の関係は文法の領域外である．文と文の関係は，1つの文の中でみられる関係とは質的に異なるので，本シリーズでは扱わない．

　まず，文（sentence）とは，テキスト内に連続して現れるが，包含の関係，つまり他の文の一部として内包されてしまう従属節などの関係にはならないような単位をいう．つぎの例をみてみよう．

(1)　i.　Jill seems quite friendly.

　　　　（ジルはとても人なつっこそうだ）

　　ii.　I think Jill seems quite friendly.

　　　　（ジルはとても人なつっこそうだと思う）

　　iii.　Jill seems quite friendly, but her husband is extremely shy.

　　　　（ジルはとても人なつっこそうだが，ご主人は実に恥ずかしがり屋だ）

Jill seems quite friendly. は（1i）では文であるが，（1ii–iii）では文ではなく，文の一部にすぎない．これは，（1i–iii）の friend が friendly という語の一部

94

であって，それ自体は語ではないのと同じである．

　他方，節（clause）とは，主語（subject）と述部（predicate）で構成される単位をいう．（1）の3例すべてにおいて，Jill seems quite friendly は節である．（1ii）では，この節がより大きな節に包含され，埋め込まれているといえる．なぜなら，I と think Jill seems quite friendly の間にも主語と述部の関係が成り立つからである．（1iii）ではこの節が her husband is extremely shy という別の節と等位（coordination）の関係に置かれている．her husband が主語，is extremely shy が述部であり，but が等位関係の標識である．つまり，（1i-ii）の文は節の形をしているのに対し，（1iii）の文は節の等位——「節等位（clause-coordination）」——の形をしているということになる．[1] このような見方をすれば，節が文より基本的な単位であるといえる．

　（1i）の文について，これが節の**形をしている（has the form of a clause）**とはいえても節で**構成されている（consists of a clause）**とはいえない．なぜなら，「構成される（consist of）」という用語は，「構成素構造に分析できる」ということを意味するのだが（第Ⅰ部4.2節参照），（1i）の文が節を主要部とする一項枝分かれ（singularly branching）の構造をもつという証拠はないからである．同じ理由で，A bird hit the car.（一羽の鳥がその車にぶつかった）という文を樹形図にしたならば，その一番上の単位のラベルは「文」ではなく「節」となる．「文」は「節」「名詞句」「動詞句」などと同等の統語範疇の名称ではないので，構成素構造の表示に現れることはない．

---

　[1] 伝統文法では，（1）の文はそれぞれ，（1i）＝単文（simple），（1ii）＝複文（complex），（1iii）＝重文（compound）とされるが，この分類には，「埋め込みがあるかどうか」と「等位関係があるかどうか」という2つの異なる基準が使われている．しかし，I think Jill seems quite friendly, but her husband is extremely shy.（ジルはとても人なつっこそうだと思ったが，ご主人は実に恥ずかしがり屋だ）のように，埋め込みがあり，かつ，等位構造をもつ例もある．（1iii）を重文とする一方で（1i-ii）を非重文（non-compound）（もしくは節）とし，さらに（1i）を単節（simple clause），（1ii）を複節（complex clause）として区別するという方法も考えられるが，単と複の区別は重要なものではない．本シリーズではこれらの用語は使わないことにする．

大方の文法研究では構成素構造の表示に文（略称 S）を使うが，本シリーズはそのやり方に従わない．それには 2 つの理由がある．第 1 に，そのやり方では等位構造（coordination）が扱えない．たとえば（1iii）の場合，Jill seems quite friendly, but her husband is extremely shy. という等位構造全体を「文」とするだけでなく，Jill seems quite friendly と but her husband is extremely shy のそれぞれも「文」とすることになる．しかし，この 2 つの等位項（coordinates）にはそれぞれ主語・述語構造があるのに対し，等位構造全体は明らかにそういう構造はもたない．つまり，等位構造は節の構造とは異なるのである．さらに，等位構造と等位項に同一のカテゴリーを与えることの問題として，等位接続は異なるカテゴリー同士でも可能であるという点があげられる．つぎの例をみてみよう．

(2) You must find out [the cost and whether you can pay by credit card].
（費用とクレジットカード支払いが可能かを確認しなさい）

[ ] の中には 2 つの等位項がある．最初の等位項 the cost は名詞句であるのに対し，2 番目の等位項は従来の分析では文である．しかし，等位構造全体をみると，名詞句でなければ文でもない．このようなことから，本シリーズは，等位構造にはその等位項とは異なるカテゴリーを当てるべきであると考える．たとえば，Jill seems quite friendly を節とよぶのに対し，（1iii）は節等位（clause-coordination），Jill and her husband は名詞句等位（NP-coordination），（2）の [ ] の中は名詞句と節の等位（NP/clause-coordination）とよぶことにする．

構成素構造の統語カテゴリーに「文」を使わない 2 つ目の理由は，本シリーズで採用するとした，ごく一般的な「文」の概念とあわないことがあるからである．たとえば，つぎのような場合である．

第1章 文と節　　　　97

(3) a.　The knife <u>I used</u> was extremely sharp.

　　　　（<u>使った</u>ナイフは極めて鋭利であった）

　　b.　I'm keen <u>for it to be sold</u>.

　　　　（<u>それが売れる</u>といいな）

これらの下線部は，テキスト内で連続して現れる単位としての「文」ではない．しかし，下線部には主語（I, it）と述部（used, to be sold）があり，Jill seems quite friendly. のような表現と同じカテゴリーに属している．よって，もしそのカテゴリーを「文」とよんでしまうと，「文」という用語に，「主語と述部からなる単位」という意味と「テキストで連続して現れる単位」という意味の2つの異なる意味をもたせることになってしまう（訳者注2を参照）．それは，本シリーズでは避けたいのである．

---

　2 訳者注：第I部第4章の注4でも述べたように，本シリーズでは，原則として clause を「節」と訳している．しかしながら，clause が独立した文を指すときには，一般的な文法用語に慣れている読者の便宜を図って，「文」と訳す場合もある．

第2章　基本節と非基本節

　節の構造には数えきれないほどの可能性があり，それらすべてについて同時に記述しようとすると，記述のいたるところに反例に対処するための但し書きをつけなければならなくなってしまうだろう．より簡潔で組織立った記述をするには，限られた数の基本的な構造をまず**基本形（canonical）**として記述し，そののち，残りの構造を非基本形（non-canonical）として派生的に記述するほうがよい．つまり，非基本節は，基本節とどう異なるかという観点から記述するのがよい．

　基本節と非基本節という対立は，つぎのようなペアにみられるものである．

(1)　　　　　　　基本形　　　　　　　　　　　　非基本形

i. a. Kim referred to the report.　　b. Kim did not refer to the report.
　　（キムは報告書のことに触れた）　　　（キムは報告書には触れなかった）

ii. a. She was still working.　　　　b. Was she still working?
　　（彼女はまだ働いていた）　　　　　（彼女はまだ働いていましたか）

iii. a. Pat solved the problem.　　　b. The problem was solved by Pat.
　　（パットはその問題を解いた）　　　（その問題はパットが解いた）

iv.　a.　Liz was ill.

　　　（リズは病気だった）

　　　b.　He said that Liz was ill.

　　　（リズが病気だと彼はいった）

v.　a.　He has forgotten the appointment.

　　　（彼は約束を忘れてしまっている）

　　　b.　Either he has overslept or he has forgotten the appointment.

　　　（彼は，寝すごしたか約束を忘れてしまっているかのどちらかだ）

■基本と非基本の対立軸

(1) に示されているように，基本と非基本という対立は，大きく 5 つの特性について見出される．5 つのどの特性についても，基本形は非基本形に比べ，統語的により基本的・基礎的であるといえる．

　(1i) の基本形と非基本形を区別するのは極性（polarity）であり，(1ia) が肯定の形，(1ib) が否定の形である．この例では，否定形は肯定形と異なり，否定標識 not を含み，それに加え，意味をもたない助動詞の *do* も含んでいる（訳者注[1] を参照）．

　(1ii) の基本形と非基本形を区別するのは節のタイプ（clause type）であり，(1iia) が平叙文のタイプ，(1iib) が疑問文のタイプである．このペアの統語的な違いは，主語と述語（predicator）の相対的な語順にある．(1iia) は主語が述語の前にくるという基本的な語順をしているのに対し，(1iib) ではその語順が逆転している．She finished the work.（彼女は仕事を終えた）と Did she finish the work?（彼女は仕事を終えましたか）というペアのように，疑問文が平叙文と語順だけでなく，助動詞 *do* の存在においても異なることもある．基本形はすべて平叙文である．一方，節のタイプという特性の非基本形は疑問文だけではない．感嘆文（What a shambles it was!（めちゃめちゃだったのなんのって））と命令文（Sit down.（座れ））も，平叙文に対する非基本形である．

---

[1] 訳者注：太字のイタリック体については，第 I 部 4.3 節参照．

100 　第 II 部　統語論概観

　(1iii) の基本形 (1iiia) は能動文，非基本形 (1iiib) は受動文である．両者の形は大きく異なるが意味はよく似ていて，言い換えといってもいい．正確にいうと，能動文と受動文は命題内容が同じで情報の提示法——情報のパッケージ化——が異なるのである．情報のパッケージ化という特性について，前置文 (preposing)，存在文 (existential construction)，it-分裂文 (it-cleft) などの非基本形がある．たとえば，We rejected most of them. (我々はその大部分を却下した) という基本形に対し，Most of them we rejected. (その大部分について我々は却下した) という前置構造がある．Several doctors were on board. (医者が数名，機内にいた) に対し，There were several doctors on board. (機内には医者が数名いた) という存在構造がある．同様に，Pat spoke first. (パットが口火を切った) という基本形に対し，It was Pat who spoke first. (口火を切ったのはパットだった) という分裂構造がある．

　(1iv) のペアに進もう．(1ivb) の下線部は従属節 (subordinate clause) であり，これに対する基本形は (1iva) の主節 (main clause) である．この例では，非基本形に従属接続詞 (subordinator) の that があることだけが基本形との違いであるが，従属節が主節と大きく異なることも多い．たとえば，This tool is very easy to use. (この道具はとても使いやすい) の従属節 to use は，動詞句従属接続詞 (VP subordinator) の to と述語だけで構成され，主語も目的語も表現されていない．(1ivb) では従属節の that Liz was ill が He said that Liz was ill. という節に埋め込まれているが，このように従属節を埋め込む母体となる節を母型節 (matrix clause) という．従属接続は回帰的 (recursive)，つまり繰り返しが可能であるので，母型節がさらに大きい母型節に埋め込まれることもある．たとえば，I think he said that Liz was ill. (リズが病気だと彼がいったと私は思う) のように何度も埋め込むことができる．

　最後に，(1vb) の下線部は等位節 (coordinate clause) であり，これに対する基本形は (1va) の非等位節となる．(1va) と (1vb) の違いは等位接続詞 (coordinator) の or だけである．基本形と非基本形の違いがこれより大きい

第2章 基本節と非基本節　　101

例としては，たとえば，Jill works in Paris, and her husband in Bonn. (ジル
はパリで働いているが，夫はボンだ) などがある．等位節をみると述語 works
が脱落しており，基本形の her husband works in Bonn とは異なっている．

つぎのように，種類の異なる非基本形が組み合わされることも当然ある．

(2)　I can't understand <u>why I have not been questioned by the police.</u>
　　　(なぜこれまで自分が警察に尋問されずにすんでいるのかわからない)

下線部は否定節であり，疑問節であり，受動節であり，従属節である．しか
し，これら4つは互いに独立した特性であって，下線部はそれら4つの特性
のそれぞれについて，基本形とは異なっているのである．

■ 対応形 (counterparts)
(1) では，どの非基本形にも，基本形が「対応形 (counterparts)」として存
在していた．たとえば，否定文に対応する基本形は肯定文であり，疑問文に
対応する基本形は平叙文であった．しかし，対応形が常に基本形というわけ
ではない．非基本形が派生的特性を2つもつ場合には，各々の特性に対する
対応形には，もう1つの特性が残ってしまうために，対応形は基本形とはな
らないのである．たとえば，It wasn't written by Sue. (それはスーによって書
かれたのではない) に対応する能動文は Sue didn't write it. (スーがそれを書い
たのではない) だが，これは否定という点で (つまり肯定ではないという点
で) 基本形ではない．一方，It wasn't written by Sue. に対応する肯定文は
It was written by Sue. (それはスーによって書かれた) だが，これは受動という
点で (つまり能動ではないという点で) やはり基本形ではない．

また，強調しておくべきこととして，非基本形が必ずしも文法的に適格な
対応形をもつわけではない．たとえば，つぎの例をみてみよう．

(3)　i. a.　I can't stay any longer. (これ以上いられない)
　　　　 b. *I can stay any longer.

102　　　　　　　　第 II 部　統語論概観

ii. a.　Have they finished yet? (あの人たち，もう終わったの？)

b. *They have finished yet.

iii. a.　Kim was said to be the culprit. (キムが犯人だといわれていた)

b. *Said Kim to be the culprit.

iv. a.　There was an accident. (事故があった)

b. *An accident was.

v. a.　If it hadn't been for you, I couldn't have managed.

(君がいなければどうにもならなかったよ)

b. *It had been for you.

これらのペアを比較すると，否定文の (3ia) には対応する肯定文がなく，同様に，疑問文の (3iia) には対応する平叙文がない．受動文の (3iiib) に対応する能動文がないのは，1 つには (ここでの意味での) **say** ＋不定詞構造が受動文に限られるからである．また，より一般的な理由としては，能動文の主語に当たる要素がないからである．(3iva) の存在文には，上でみた例 There were several doctors on board. (機内には医者が数名いた) とは違い対応形がない．(3va) の従属節にも対応する主節がない．It had been for you. は，it がコンテクスト内の何かを指しており，たとえば，The parcel had been for you. (小包はあなた宛てでした) という解釈が可能であればもちろん文法的だが，(3vb) の it にそのような解釈はない．

■ 統語的プロセス (**syntactic process**)

以下では，文法研究の伝統と慣例に従い，非基本節の構造を「統語的プロセス」の概念を用いて記述していく．たとえば，主語・助動詞倒置 (subject-auxiliary inversion)，受動化 (passivisation)，関係節化 (relativisation)，前置 (preposing)，後置 (postposing) などである．しかし，これらの用語は単に便利な記述の道具にすぎないことに注意しよう．たとえば Is she still working? (彼女はまだ働いていますか) には主語・助動詞倒置がみられる．し

かし，この記述は，話者が She is still working.（彼女はまだ働いています）という平叙形から出発して文頭の2つの要素を実際に倒置させるということをいっているのではない．本当に話し手が実際にそのようなことを行っているか疑わしいし，(3) のように，文法的に適格な基本形がない非基本節も多数存在するのである．[2] また，統語的プロセスによる記述は，あたかも単語が移動しているような動的な（dynamic）記述であるが，静的な（static）記述で言い換えることが可能である．たとえば，上記の Is she still working? という非基本節なら，倒置が起こったといわずに，助動詞と主語の順序が She is still working. という基本形と逆になっているということもできるのである．

■ **統語構造表示方法の拡張**

第I部 4.2 節で導入した統語分析とその表示方法は，基本形を扱う分には問題ないが，非基本形まで扱うにはいくぶんかの拡張が必要となる．たとえば，つぎの例である．

(4) a. Liz bought a watch.（リズは時計を買った）

b. I wonder <u>what Liz bought</u>.（リズは何を買ったのだろう）

この2つを比べると，(4a) は基本形であるのに対し，(4b) の下線部は疑問と従属という2点で非基本形である．(4b) の what と (4a) の a watch を比べてみると，bought に対する語順は違うものの，どちらも bought の目的語であると理解される．よって，ここでの基本形と非基本形の違いは疑問特性（interrogative feature）ということになる（(4a) の文は a watch という名詞句があるので，厳密には what Liz bought に対応する平叙文とはいえ

---

[2] 本シリーズが提示するのは記述文法であって生成文法の理論ではない．したがって，文の「表層構造」を抽象的な「基底構造」から派生するわけではない．本シリーズで用いられている用語は，生成文法で仮定されている派生操作を指しているのではないことに注意してほしい．

ないが，それと対比可能な平叙文の構造ということはできる）．(4a) と (4b) の下線部の統語構造は，それぞれつぎのように図示できるだろう．

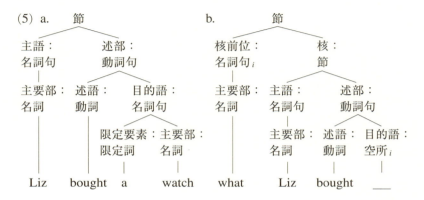

(5a) の構造は第 I 部 4.2 節で導入したとおりである．説明が必要なのは (5b) の構造についてである．まず，主語に先行する what の位置を「**核前位の位置 (prenucleus position)**」とよぶことにしよう．主語・述部構造をもった「**核 (nucleus)**」となる節の前の位置，という意味である．核の節には目にみえる目的語は存在しないが，核前位にある what が目的語として解釈されるので，*I wonder what Liz bought a watch. のように，bought の後に別の目的語を挿入することはできない．このことを表すため，抽象的要素としての「**空所 (gap)**」を目的語位置に置き，その空所に what と「**同一指標 (co-indexed)**」を与えることにする．'i' という同一の下付き指標が「同一指標をもつこと」のしるしである．こうすることで，what は核前位にありながら，間接的もしくは派生的に，bought の目的語としての役割もはたしているということを捉えることができるようになる．

　この記述法に対して，(5b) の「核前位」というラベルを「目的語」とし，そのうえで bought の右側の目的語要素を削除する，という方法ではうまくいかない．第 I 部 4.2.3 節で述べたように，機能は関係概念 (relational concept) であり，「目的語」もまた，名詞句 (NP) と動詞句 (VP) の構造の

関係を表す用語である．what に目的語というラベルをつけたとしても，それが bought を主要部とする動詞句（VP）の目的語であるということまでは表せないのである．もっとわかりやすい例として (6) をみてみよう．(6) の [ ] で囲まれた節は (7) のような統語構造をもつ．

(6) I can't remember [what Max said Liz bought ___].
　　　（リズが何を買ったとマックスがいったか私は思い出せない）

(7)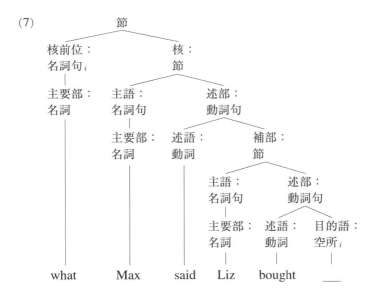

注目すべきは，(7) において，what は動詞 said を主要部とする節の核前位の位置にありながら，それでも，said の目的語としてではなく bought の目的語として解釈されるという事実である．what を単に「目的語」としたのでは what が bought の目的語であるという事実を捉えることはできない．他方，同一指標 (i) 付き空所という表示法（the co-indexed gap device）ならば，what を bought の目的語として関係づけることができるのである．

同一指標付き空所という表示法は，主語・助動詞倒置も扱うことができる．下の (8) にあげた基本形 He is ill. と対応する疑問文 Is he ill? の統語

構造を比較してみよう．(8b) の核は空所を除いて (8a) と同じである．これによって，(8a) と (8b) のそれぞれの文で he, is, ill の機能関係が同じであることが説明できる．つまり，(8a) でも (8b) でも he は主語，is は述語，ill は叙述補部である．とくに，(8b) の is が述語であることが，述語位置を占める空所との同一指標により捉えられるのである．この考え方でいくと，What had Liz bought?（リズは何を買いましたか）のような主節疑問文については，核前位＋核という構造（what＋had Liz bought）の核位置に，さらなる核前位＋核の構造（had＋Liz bought）が入った統語構造をもつことになるのである（訳者注[3]を参照）．

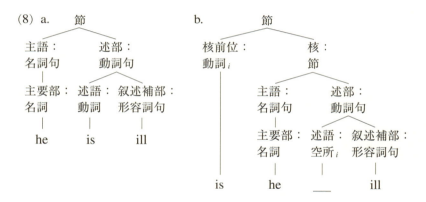

■**本シリーズの構成**

基本節と非基本節という区別は，本シリーズの構成において重要な役割をはたす．まず，基本節の構造および節より小さい単位は，第1巻から第5巻で扱う．ここでいう節より小さい単位とは，名詞・形容詞・副詞・前置詞を主要部とする句のことを指す．一方，非基本節は，第1巻，第5巻，第6巻，第7巻，第8巻，第9巻で扱う．他の対立軸より手のかかる従属接続に関す

---

[3] 訳者注：具体的には，What had Liz bought?（リズは何を買いましたか）はつぎのような統語構造をもつことになるだろう．What と同一指標をもつ空所$_i$ と，助動詞 had と同一指標をもつ空所$_j$ がある．

第 2 章　基本節と非基本節

る議論は，第 1 巻，第 6 巻，第 7 巻で扱う．直示と照応という品詞区分を横断する現象は第 9 巻で扱う．形態論は第 10 巻で扱い，句読法は第 8 巻で扱う．

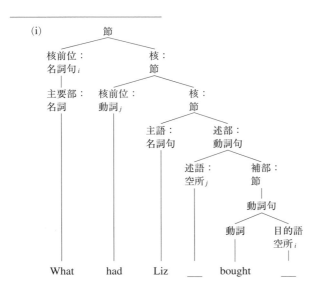

第 3 章でみるように，本シリーズの考え方では，助動詞（この例では had）は，その後にくる動詞（この例では bought）と構成素をなさない．第 14 章でみる用語を使えば，助動詞のあとの動詞は目的語とともに連鎖補部（catenative complement）を形成する．

第3章 動　詞

節の主要部——「**述部 (predicate)**」——となるのは動詞句（VP）であり，動詞句の主要部——「**述語 (predicator)**」——となるのは動詞である．動詞の特性は節中にどのような要素が必要とされ，許されるかを決定する．つまり，動詞は節の大本の主要部であり，節の統語にとってもっとも重要な要素である．[1]

■屈折 (inflection)

大部分の動詞は6つの屈折形をもつ．以下は語彙素 (lexeme) *take* の場合である．

(1) *take* の屈折形 (inflectional forms)

　　一次形式 (primary forms)：

　　過去形 (preterite)

　　　I took her to school.（私が彼女を学校に連れていった）

　　三人称単数現在形 (3rd sg present tense)

---

[1] 動詞は節の大本の主要部とすることから，動詞を使って節を名付けることができる．たとえば，第2章の (6) の場合，一番深く埋め込まれた節は buy 節とよぶことができるだろう．

第 3 章 　動 　詞 　　　　109

　　He takes her to school. (彼が彼女を学校に連れていく)

　無標現在形 (plain present tense)

　　They take her to school. (彼らが彼女を学校に連れていく)

　二次形式 (secondary forms)：

　無標形 (plain form)

　　I need to take her to school.

　　(私は彼女を学校に連れていかねばならない)

　動名詞・分詞形 (gerund-participle form)

　　We are taking her to school.

　　(我々は彼女を学校に連れていくところだ)

　過去分詞形 (past participle)

　　They have taken her to school.

　　(彼らが彼女を学校に連れていったところだ)

助動詞には，She isn't here. (彼女はここにはいない)，I can't help it. (我慢できない) などの下線部が示すように否定形もある．動詞 **be** には 2 つの過去形 (was と were) と 3 つの現在形 (am, is, are) がある．I wish she were here. (彼女がここにいてくれたらいいのに) における were は非現実形 (irrealis mood form) であり，**be** 動詞が一人称または三人称の単数主語をもつ時だけに観察される昔の英語の名残である．

　無標形はつぎの 3 つの構文 (命令法，仮定法，不定詞) で使われる．不定詞は to 不定詞と裸不定詞の 2 種類に分けられる．

(2)　無標形 (plain forms) が現れる構文

　i.　命令法 (imperative)

　　Take great care! (くれぐれもお気をつけて)

　ii.　仮定法 (subjunctive)

　　It is essential [that he take great care].

　　(彼は十分に注意しなければならないだろう)

iii. a. to 不定詞 (*to*-infinitival)

I advise you [to take great care].

（十分に注意されたほうがいいですよ）

b. 裸不定詞 (bare infinitival)

You must [take great care].

（君は十分に注意するべきだ）

この分類によれば，命令法，仮定法，不定詞は節レベルの構文であって，動詞の屈折形ではないことに注意したい．また，to 不定詞 (2iiia) の to は動詞句従属接続詞 (VP subordinator) であって，動詞の一部ではないことにも注意しよう．

■定形 (**finite**) と非定形 (**non-finite**)

同じように，定形と非定形という区別も，動詞の屈折の区別ではなく，節（および動詞句）の区別である．定形節 (finite clause) とは，動詞の一次形式もしくは命令法・仮定法構文での無標形を主要部とする節をいう．一方，非定形節 (non-finite clause) とは，動詞の動名詞・分詞形 (gerund-participle form) か過去分詞形，もしくは不定詞構文の無標形を主要部とする節をいう．

■助動詞 (**auxiliary verb**)

助動詞は，それ以外の動詞，すなわち「語彙動詞 (lexical verb)」と多くの構文で統語的な違いを示す．たとえば，つぎのペアを比較してみよう．

(3) 助動詞 語彙動詞

i. a. I have not seen them. b. *I saw not them.

（彼らとは会ったことがない）

ii. a. Will you go with them? b. *Want you to go with them?

（彼らと一緒に行きますか）

第 3 章 動 詞 111

このように，助動詞は後ろに not をともなうことによって否定文になり，主
語との倒置で疑問文になる．これに対して語彙動詞の場合は，後ろに not が
ついても否定文とはならず，主語と語順を入れ替えても疑問文にはならない．
(3ib) と (3iib) をそれぞれ正しい文にするには，I did not see them. (彼らに
は会わなかった) や Do you want to go with them? (彼らと一緒に行きたいです
か) のように，ダミーの (意味をもたない) 助動詞 *do* を挿入しなければなら
ない．助動詞を上のように捉えると，She is working. (彼女は働いている) や
He was killed. (彼は殺された) に現れる *be* だけでなく，They are cheap. (そ
れらは安い) に現れる繋辞用法 (copula use) の *be* も助動詞とみなされるこ
とになる．繋辞用法の be も，They are not cheap. (それらは安くない) のよ
うに not が後続することにより否定文にできるし，Are they cheap? (それら
は安いですか) のように主語との倒置で疑問文にできるからである．

　本シリーズの分析が伝統文法における助動詞の分析と大きく異なるのは，
助動詞を依存要素 (dependent) ではなく主要部 (head) とする点である．た
とえば，She is writing a novel. (彼女は小説を書いている) は，She began
writing a novel. (彼女は小説を書きはじめた) と同じ構成素構造をもち，is が
主要部で writing a novel がその補部となる．この分析では，is が主節の主
要部であり，writing は非定形従属節 (non-finite subordinate clause) の主
要部であるので，is writing という部分は 1 つの構成素とはならないことに
注意したい (訳者注 [2] を参照)．

■ 時制 (tense) と時間 (time)

英語には 2 つの時制体系がある．下に例示するように，一次的時制 (prima-

---

[2] 訳者注： 具体的には，She is writing a novel. (彼女は小説を書いている) は，以下の
(ia) のような統語構造ではなく，(ib) のような構造をもつということである．(ia) では，
助動詞 was と動詞 writing が「動詞群 (verb group)」という 1 つの構成素を成すのに対し，
(ib) では，助動詞と動詞は別々の構成素に属している．(ib) の節 2 の機能は連鎖補部
(catenative complement) である (第 14 章を参照)．

ry tense）は動詞屈折で標示され，過去形（preterite）と現在形（present）が対立する．二次的時制（secondary tense）は助動詞 **have** の有無によって標示され，完了形と非完了形が対立する．完了形は一次的時制と組み合わさって，過去完了形と現在完了形という複合時制（compound tense）をつくることができる．

一次的時制
　過去形（preterit）
　　She was ill.（彼女は病気だった）
　現在形（present）
　　She is ill.（彼女は病気だ）

二次的時制
　完了形（perfect）
　　She is believed to have been ill.（彼女は病気だったと思われている）
　非完了形（non-perfect）
　　She is believed to be ill.（彼女は病気だと思われている）

複合時制
　過去完了形（preterit perfect）
　　She had been ill.（彼女はずっと病気だった）
　現在完了形（present perfect）
　　She has been ill.（彼女はずっと病気だ）

第3章 動詞　　　113

　本シリーズは，文法カテゴリーとしての時制（tense）と意味カテゴリーとしての時間（time）を明確に区別する．これを理解するため，It started yesterday. (それは昨日はじまった)，You said it started tomorrow. (それは明日ははじまると君はいったよ)，I wish it started tomorrow. (それが明日はじまればいいのに) という3例を比較しよう．いずれの例においても started は動詞の過去形であるが，はじまりを過去の時間に位置づけているのは1番目の例だけである．また，文法カテゴリーとしての時制と意味カテゴリーとしての時間の区別をすれば，英語には未来時制がないことがわかる．*will* も *shall* も *must*，*may*，*can* と同様，文法的には法助動詞（modal auxiliaries）であり，時制の助動詞（tense auxiliaries）ではない．

■ **相（aspect）とアスペクト解釈（aspectuality）**

文法的カテゴリーとしての相（aspect）と意味的カテゴリーとしてのアスペクト解釈（aspectuality）も区別する．英語の相体系は，助動詞 *be* の有無で標示され，進行相（She was writing a novel. (彼女は小説を書いていた)）と非進行相（She wrote a novel. (彼女は小説を書いた)）という対立を示す．

　他方，アスペクト解釈については，完結（perfective）の解釈と非完結（imperfective）の解釈が区別される．完結的解釈とは，節の表す状況を全体像として提示し，あたかも外側から眺めるように描写するような解釈をいう．一方，非完結的解釈とは，状況を全体像としてではなく内側から眺め，内部の時間の流れの一部に焦点を置いて提示する解釈をいう．動詞の進行相の中心的な用法は非完結的アスペクトの1つの表現形である（訳者注[3]を参照）．

――――――――――――――――――――

　[3] 訳者注：時制のカテゴリーである「完了（perfect）」・「未完了（non-perfect）」とアスペクト解釈のカテゴリーである「完結（perfective）」・「非完結（imperfective）」を混同しないよう注意してほしい．「完了」は，He may have known her. (彼は彼女を知っていたかもしれない) のように have＋過去分詞の形をとり，「時間的に前」という時間関係を表す．一方，「完結」「非完結」というのは，つぎのような対立をいう．
　　(i)　完結の解釈
　　　　He died last week. (彼は先週亡くなった)

■ 法 (mood) とモダリティ解釈 (modality)

ここでも，法 (mood) は文法形式の問題であるのに対し，モダリティ解釈 (modality) は意味の問題である．上で触れた非現実形 (irrealis) の were は，法の動詞屈折として昔の英語の名残であるが，英語の法は，主に法助動詞の *can*, *may*, *must*, *will*, *shall* および少数の周辺的要素によって標示される．

モダリティ解釈には以下の3種類がある．

(4) i. 義務的モダリティ (deontic)

You must come in immediately.

(すぐに入っていただかねばなりません)

You can have one more turn.

(もう一度やれますよ)

ii. 認識的モダリティ (epistemic)

It must have been a mistake.

(それは間違いだったに違いない)

You may be right.

(あなたのおっしゃるとおりかもしれません)

iii. 動的モダリティ (dynamic)

Liz can drive better than you.

(リズは君より運転が上手だ)

I'll write again soon. (またすぐにお便りします)

He reigned for a year. (彼は1年間君臨した)

(ii) 非完結の解釈

He lives in Bonn. (彼はボンに住んでいます)

He often cycles to work. (彼はよく自転車で通勤する)

He is working. (彼は働いている)

(i) の例は，いずれも行為全体を単体 (a single activity) として提示している．一方，(ii) の例では，行為が継続・連続・進行しており，その総体が提示されているわけではない． (ii) の3つ目の例のように，進行相の形 (be＋動名詞・分詞形) は，動作動詞の表す行為を非完結的に提示するのに使われる．

I asked Ed to go but he won't.

（頼んではみたがエドはどうしても行ってくれない）

義務的モダリティの典型は，義務，許可，そしてその否定としての禁止（たとえば，You can't have any more.（これ以上はだめです））の概念である．他方，認識的モダリティは，基本的に，命題の真実性を話し手がどの程度信じているかを表す．たとえば，It was a mistake.（それは間違いだった）は，話し手の留保なしの主張であるのに対し，It must have been a mistake.（それは間違いだったに違いない）では，真偽をじかに知って主張しているというより，証拠に基づいて判断しているという解釈になる．また，You may be right.（あなたのおっしゃるとおりかもしれません）は，You are right.（あなたのおっしゃるとおりです）という命題が真である可能性があると認めるだけであり，You are right. という命題が真であるとはいっていない．最後に，動的モダリティは，一般的に，節の中の，とくに主語位置に出てくる個人（など）の特徴や性向を表す．たとえば，(4iii) の 2 例は，それぞれ，リズの能力とエドの意志を問題にしている．

これら 3 種類のモダリティ解釈は，いずれも，法助動詞以外の形式で表現されることも多い．たとえば，You don't need to tell me.（私にいう必要はありません）では，下線の語彙動詞がモダリティを表現する．同様に，You are likely to be fined.（罰金が課される可能性があります）では形容詞が，Perhaps you are right.（たぶんあなたのおっしゃるとおりです）では副詞が，You have my permission to leave early.（早退の許可を与えよう）では名詞が，それぞれモダリティ解釈を担っているのである．

第4章　補部となる節

節構造における動詞の依存要素（dependent）には，「補部（complement）」と「修飾要素（modifier）」がある．補部は修飾要素より動詞との結びつきが強い．どういう動詞が節の主要部となっているかによって，どういう補部が使えるかが決まる．たとえば，動詞 use は（基本節では）目的語を要求するのに対し，動詞 arrive は目的語を排除する．さらに，動詞の意味によって，補部となっている名詞句の意味役割が決まる．たとえば，He murdered his son-in-law.（彼は義理の息子を殺した）では，目的語は（行為の影響を受ける）被動作主（patient）の役割であるのに対し，He heard her voice.（彼には彼女の声が聞こえた）の目的語は（感覚の）刺激（stimulus）という役割である．節構造の補部は，本シリーズ第2巻で詳しく考察する．

■ 主語（subject）と目的語（object）

各種補部の中で統語的にとくに区別されるべきは主語である．主語は「動詞句の外に位置する」という意味で外部補部（external complement）であり，また，すべての基本節の必須要素である．一方，目的語は内部補部（internal complement）であり，動詞によって**認可される**（licensed）．つまり，上で述べたように，動詞がその種類を決定する．動詞によっては，間接目的語と

第 4 章　補部となる節　　117

直接目的語という 2 つの目的語を認可するものもある．主語を S (ubject)，述部を P (redicate)，直接目的語を O^d (direct Object)，間接目的語を O^i (indirect Object) と表すと，文の構造にはつぎの 3 つの主要なタイプがあることになる．

(1) a.　自動詞文

　　　She smiled. (彼女は笑った)

　　　　S　　　P

　　b.　一項他動詞文

　　　He washed the car. (彼は車を洗った)

　　　　S　　P　　　O^d

　　c.　二項他動詞文

　　　They gave me the key. (彼らは私に鍵をくれた)

　　　　S　　P　　O^i　　O^d

自動詞 (intransitive)，一項他動詞 (monotransitive)，二項他動詞 (ditransitive) という用語は文の分類にも動詞の分類にも使える．ただし，大部分の動詞は 1 つの補部パターン (complementation) に限られない．たとえば，read なら 3 つの補部パターンが可能である．She read for a while. (彼女はしばらく読書をした) では自動詞であり，She read the newspaper. (彼女は新聞を読んだ) では一項他動詞であり，She read us a story. (彼女は僕たちにお話を読んでくれた) では二項他動詞である．

　(1c) の例と同じ命題内容を表す They gave the key to me. (彼らは私に鍵をくれた) の to me は間接目的語ではなく，そもそも目的語ではない．(1c) の me とは統語的に大きく振る舞いが異なるのである．通常目的語は名詞句 (NP) の形をしているが，They gave the key to me. の to me は前置詞句 (PP) の形をした補部である．

■ 叙述補部 (predicative complement)

内部補部には，叙述補部 (predicative complement: PC) もある．

(2) a.　複雑自動詞文

　　　This seems a good idea / fair. (これは良い案／正当だと思われる)

　　　　S　　P　　　　　PC

　　b.　複雑他動詞文

　　　I consider this a good idea / fair. (私はこれを良い案／正当だと思う)

　　　　S　P　　O^d　　　　PC

　　S: subject (主語)　P: predicate (述部)　PC: predicative complement (叙述補部)　O^d: direct object (直接目的語)

複雑自動詞文 (complex-intransitive) とは，叙述補部はあるが目的語がない文をいい，**複雑他動詞文 (complex-transitive)** とは，叙述補部も目的語もある文をいう (訳者注[1] を参照)．

　叙述補部が目的語と統語的に大きく違うのは，(2a, b) の fair のように，形容詞も叙述補部になることである．意味的には，目的語が典型的には主語とは異なる意味役割の状況参与者 (participant in situation) を表すのに対し，叙述補部は，典型的には (複雑自動詞の) 主語もしくは (複雑他動詞の) 目的語の属性・特徴を表す．たとえば，(2a) では主語が a good idea という属性や fair という属性をもち，(2b) では目的語がそのような属性をもつ．

動詞 be の属性用法 (ascriptive use) と指定用法 (specifying use)

be は複雑自動詞文でもっともよく使われる動詞であるが，その型の文には以下 2 つのタイプがある．その 2 つは明確に区別する必要がある．

---

　[1] 訳者注：学校文法では，複雑自動詞文は第 2 文型の SVC (Subject-Verb-Complement) に，複雑他動詞文は第 5 文型の SVOC (Subject-Verb-Object-Complement) に，それぞれ対応する．

第4章　補部となる節　　　119

(3) a.　属性文

　　　This is a good idea / fair.（これは良い案／正当である）

　　b.　指定文

　　　The only problem is the cost.（唯一の問題は費用だ）

属性文（ascriptive subtype）は，（2a）の seem の構文に似ており，（3a）の a good idea や fair という叙述補部は this の属性を述べている．しかし，（3b）の指定文（specifying subtype）はこれとまったく異なる解釈をもつ．（3b）の叙述補部は「唯一の問題」を特定する役割，つまり "the x such that x was the only problem"（x が唯一の問題であるような x）の変項 x（variable x）の値を指定する役割をしている．統語的な特徴として，変項値を指定する構文は，通常，主語と述部を置換できる．たとえば，（3b）なら The cost is the only problem.（費用が唯一の問題だ）ということができ，この場合は the cost が主語で the only problem が叙述補部である．

■ **前置詞句形の補部（complement with the form of PP）**

(1)–(3) の補部は名詞句または形容詞句であるが，補部には，これらに加え，I know you are right.（あなたのおっしゃるとおりだとわかっている）や I want to help.（お力になりたい）のように，従属節の形をしたものがまずある．これらについては，本シリーズ第6巻で定形節（finite clause）を，第1巻で非定形節（non-finite clause）を扱う．従属節の形をした補部のほかに，前置詞句の形をした補部（前置詞補部）もある．それらは多岐にわたり，詳しくは第2巻で扱うが，つぎのようなものが含まれる．

(4) i. a.　He referred to her article.

　　　　　（彼は彼女の記事に触れた）

　　b.　He blamed the accident on me.

　　　　　（彼は事故を私のせいにした）

　ii. a.　This counts as a failure.

120 第 II 部 統語論概観

（これは失敗だとみなされる）

b. He regards me as a liability.

（彼は私を厄介者だと思っている）

iii. a. She jumped off the wall.

（彼女は塀から飛び降りた）

b. She took off the label.

（彼女はラベルを剥がした）

(4i) の refer と blame のような動詞は，前置詞付き動詞（prepositional verb）とよばれ，補部の句に特定の前置詞を選択する．たとえば，refer は to を，blame は on を選択する（ただし，blame は He blamed me for the accident. のように for の構文にも現れる）．(4ia) の to は refer に選択されるが，(4ib) の on が me と構成素を成すのと同様に，(4ia) の to が構成素を成すのは her article とである．つまり，referred と to her article があわさって 1 つの構成素（動詞句）となっている．(4ii) の count と regard も前置詞付き動詞であるが，(4i) と違って，(4ii) の as の補部は目的語ではなく叙述補部である．

　一見すると似ている (4iiia) と (4iiib) は，統語的には区別すべきである．(4iiia) の動詞句は前置詞句 off the wall という補部を 1 つとるのに対し，(4iiib) の動詞句は off と名詞句 the label という 2 つの補部をとる．(4iiib) の off は，前置詞だけからなる前置詞句である（第 7 章参照）．こうした補部は，(4iiib) のように直接目的語の前にも，She took the label off. のように直接目的語の後にも生起できる．このように直接目的語の前に生起できる補部を不変化詞（particle）とよぶ（訳者注 2 を参照）．

_____

2 訳者注： 本シリーズ第 2 巻によれば，不変化詞とは，「動詞と目的語名詞句（固有名詞もしくは限定詞＋普通名詞という形の名詞句）の間に生起できる」という特徴をもつ要素である．「できる」という可能性が重要であり，必ず動詞と目的語名詞句の間に生起しなければならないということではない．よって，(4iiib) の V＋particle＋NP 構造は，V＋NP＋particle 構造 (She took the label off.) と交替する．一方，(4iiia) の off the wall は 1 つの

節要素であるので，語順が交替することはない（*She jumped the wall off.）．

　不変化詞となるのは前置詞が代表的だが，動詞や形容詞の例もある．たとえば，He made clear his intentions.（彼は自分の意図を明確にした），They cut short their holiday.（彼らは休暇を短縮した），She let go his hand.（彼女は彼の手を放した）など．ただし，動詞・形容詞の不変化詞は，動詞とのつながりがイディオム的になっていることがほとんどである．一方，前置詞の不変化詞は，She brought down the price.（彼女は値段を下げた）のようなイディオム的な V＋particle＋NP にも，She brought down the bed.（彼女はベッドを下に下ろした）のような非イディオム的な V＋particle＋NP にも生起できる．

第5章 名詞と名詞句

典型的な名詞句（noun phrase）（すなわち名詞句であることが明らかな中心的タイプの名詞句）は，句の内部に主要部となる名詞を含み，節中では補部として機能する．たとえば，The dog barked.（犬が吠えた）では名詞句が主語として機能し，I found the dog.（私は犬をみつけた）では名詞句が目的語として機能し，This is a dog.（これは犬だ）では名詞句が叙述補部として機能している．名詞（noun）は大きく3種類に分類できる．1つ目は普通名詞（上記の例における dog），2つ目は固有名詞（Emma has arrived.（エマが到着した）），3つ目は代名詞（They liked it.（彼らはそれを気に入った））である．第 I 部の 4.2.2 節で述べたように，本シリーズでは代名詞を名詞の下位グループとして扱い，独立したカテゴリー（品詞）としては扱わない．

■ 限定要素（determiner）と限定詞（determinative）

名詞句だけに現れる依存要素（dependent）は，the book, that car, my friend の下線部のような「限定要素（determiner）」である．限定要素は名詞句の定性（definiteness）を標示する働きをし，通例，限定詞（the, a），限定詞句（too many, almost all），または属格名詞句（the minister's speech, one member's behaviour）のような形をとる．**限定要素（determiner）とは**

122

第5章 名詞と名詞句 123

名詞句構造内の機能であるのに対し，**限定詞**（**determinative**）とは語のカテゴリーであることに注意したい．また，伝統文法では限定詞は形容詞の一種とされているが，本シリーズでは現代言語学に従い，形容詞の一種とはせず，独立したカテゴリーとして扱う．

　限定機能が，上記の属格名詞句にもあるように，常に限定詞という形をとるわけではない．同様に，限定詞の多くは限定以外の機能で使われることもある．たとえば，three という限定詞は three books では限定要素であるが，these three books では修飾要素である．much という限定詞は，much happiness では限定要素であるのに対し，much happier という形容詞句においては修飾要素である．

■ **修飾要素**（**modifier**），**補部**（**complement**），**小名詞句**（**nominal**）
限定要素以外の名詞句の依存要素には，つぎのように，修飾要素と補部がある．

(1)　i.　修飾要素
　　　　a.　a young woman（若い女性）
　　　　b.　the guy with black hair（黒い髪をした男）
　　ii.　補部
　　　　a.　His fear of the dark（彼が暗闇を怖がること）
　　　　b.　the claim that it was a hoax（それはでっち上げだという主張）

これらの例の構成素構造を考えると，まず，限定詞とそれ以外の部分，すなわち**小名詞句**（**nominal**）という形の主要部に分割される．[限定詞 [小名詞句]] という形で書けば，(1ia) は [a [young woman]]，(1ib) は [the [guy with black hair]]，(1iia) は [his [fear of the dark]]，(1iib) は [the [claim that it was a hoax]] のようになる．そして，それぞれの小名詞句に当たる内側の構成素が，さらに主要部名詞と修飾要素・補部に分割される．たとえば，(1ia) の a young woman の小名詞句 [young woman] は，woman を

主要部とし，young を修飾要素とする小名詞句であり，それがこの名詞句全体の主要部となっている．つまり，小名詞句とは，名詞句と名詞の中間の単位であるといえる．名詞句，小名詞句，名詞という3層の階層構造は，節，動詞句，動詞という3層構造と平行的であるといえるのである（訳者注[1]を参照）．

　修飾要素も補部ももたない a woman のような名詞句の場合，woman は小名詞句であり，かつ，名詞である．第Ⅰ部 4.2.3 節の用語でいうと，woman は一項枝分かれ (singularly branching) の構造をもつ．しかし，このような場合は小名詞句のレベルを省略し，名詞としてのみ記述してもほとんど支障はない．

　(1) の下線部要素は，名詞句構造という観点からすると**内部依存要素 (internal dependent)** である．つまり，名詞句内部の要素である．他方，名詞句にはつぎのような**外部依存要素 (external dependent)** もある．

(2) a.　<u>quite</u> the worst solution （何よりもよくない解決法）
　　b.　<u>all</u> these people （これらすべての人々）

(2) の下線部の要素は小名詞句ではなく名詞句を修飾していることから，機能的にみて名詞句はそれ自体がより大きな名詞句の主要部になれることがわ

---

[1] 訳者注：たとえば，the old man（その年配の男性）と those Ministry of Defence officials（それらの国防省の役人たち）という2つの名詞句について，統語構造を具体的に書くと，それぞれ，(ia) と (ib) のようになる．名詞句―小名詞句―名詞という3層構造に注目しよう．

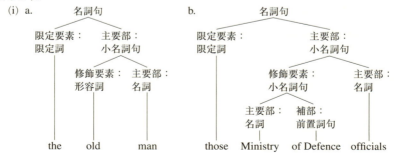

かる．外部依存要素には，（2a）の quite のような名詞句周縁修飾要素（NP-peripheral modifier）と，（2b）の all のような限定部前位要素（predetermin-er）がある．また，[The director alone] was responsible.（長官ひとりに責任があった）のように，周縁修飾要素には，主要部に後続するもの（post-head peripheral modifier）もある．

内部依存要素で主要部の前に現れるものを限定修飾要素（attributive modifier）という．もっとも典型的な例は（1ia）の young のような形容詞であるが，小名詞句，限定詞，（動名詞・分詞形か過去分詞形の）動詞や動詞句など，形容詞以外の範疇も限定修飾要素となることができる．たとえば，小名詞句（a federal government inquiry（連邦政府の調査）），限定詞（her many virtues（彼女の数多くの美点）），動詞（a sleeping child（寝ている子ども）），動詞句（a frequently overlooked problem（しばしば看過される問題））が限定修飾要素の例としてあげられる．一方，非常にわずかな例外を除いて，限定修飾要素自体がうしろに従属要素をとることはできない．よって，*a younger than me woman，*a sleeping soundly child のような表現は許されない．

■ **間接補部（indirect complement）**
（1ii）の [his [fear [of the dark]]] と [the [claim [that it was a hoax]]] の一番内側の [ ] は補部であり，それらは小名詞句（nominal）の主要部である fear と claim にそれぞれが認可されている．このような補部を「**直接補部（direct complement）**」とよぶ．これに対して，（3）の下線部のような主要部の依存要素（の一部）によって認可される補部を，「**間接補部（indirect complement）**」とよぶ．

(3) a. a better result than we'd expected
        （期待していたよりよい結果）

    b. enough time to complete the work
        （仕事を終わらせるのに十分な時間）

126　　第 II 部　統語論概観

下線部の補部は，主要部 result と time によってではなく，その依存要素である better（厳密にいえば比較級の屈折部分）と enough によってそれぞれが認可されている．間接補部は，名詞句だけでなくほとんどの句にみられる現象である．

■ **主要部の融合 (fused head)**

上でみた名詞句の例では，大本の主要部は独立した名詞であった．それが典型である．しかし，つぎのように，主要部が依存要素と「融合 **(fuse)**」している名詞句もある．

(4) i. a. I need some screws but can't find [any].

（ねじがいくつかいるのだが 1 つもみつからない）

b. [Several of the boys] were ill.

（男子が数名，病気だった）

ii. a. [Only the rich] will benefit.

（金持ちだけが恩恵を受けるものだ）

b. I chose [the cheaper of the two].

（2 つのうち安いほうにした）

これらの例の [ ] の部分は名詞句であるが，下線部では主要部が依存要素──(4i) では限定要素，(4ii) では修飾要素──と融合している．伝統文法では，(4i) の any や several は代名詞とされるが，本シリーズの分析では，any screws における any や several boys における several と同じように限定詞である．その違いは，主要部が限定詞と融合しているか，独立した名詞で現れているかという点である．(4i) の any は，限定詞に主要部名詞が融合したものであるのに対し，any screws では限定詞と名詞が独立して現れている．

第5章　名詞と名詞句　　127

■格 (case)

代名詞には，つぎのように4つの異なる格形式をもつものもある.

(5)　主格　　　　　対格　　　　　依存属格　　　　　　独立属格
　　(nominative)　(accusative)　(dependent genitive)　(independent genitive)
　　we　　　　　us　　　　　our　　　　　　ours

しかし，大部分の名詞の格形式は，属格形とそれ以外の格（つまり無標形）の2つが対立するだけである．たとえば名詞 dog なら，dog が単数形の場合には属格の dog's と無標の dog が対立し，dog が複数形の場合には属格の dogs' と無標の dogs が対立する.

　名詞句の格は，その名詞句が含まれている構造内でどのような機能をもつかによって決まる．属格の屈折は，名詞句の最後の語に標示される．最後の語とは普通は主要部名詞であるが，主要部後位依存要素 (post-head dependent) が最後の語となる場合もある．その場合，主要部後位依存要素に属格が表示される．たとえば，the child's work (その子の作品) と someone else's book (誰かほかの人の本) を比較しよう．前者は，属格屈折が主要部名詞の child に現れた主要部属格 (head genitive) である．他方，後者では，主要部名詞の someone ではなく，後続の else に属格屈折が現れている．someone else's book のような場合を句属格 (phrasal genitive) という.

　属格名詞句は，より大きな名詞句の中で主語兼限定要素 (subject-determiner)，つまり，名詞句の補部（すなわち主語）としての機能と定性標示の限定要素としての機能を兼ね備えた要素として使われる．たとえば，「その大臣の態度」を表す the minister's behaviour と the behaviour of the minister の名詞句構造を比べると，後者では，限定要素と補部が the と of the minister (これは内部補部なので主語ではない) で別々に「具現 (realised)」されているのに対し，前者では，両機能とも，the minister's という属格名詞句で具現されているのである．主語兼限定要素の属格も，Your behaviour was appalling, but [the minister's] was even worse. (君の態度もひどいものだった

128   第 II 部　統語論概観

が，大臣の (態度)はさらに悪かった) のように主要部と融合することがある.

■ 数 (number) と可算性 (countability)

数 (「すう (number)」) というカテゴリーの単数と複数の区別は，名詞にも
名詞句にもある. 通常は単数の the book と複数の the books のように，名
詞句の単複は主要部名詞の屈折形によって決まる. 指示詞の **this** と **that** は
主要部と一致 (agree) するが，そのほか多くの限定詞は単数名詞か複数名
詞のどちらかを選択する. たとえば，a book, each book のように a や
each は単数名詞を選択するのに対し，two books, several books のように
two や several といった限定詞は複数名詞を選択する.

　現在時制の動詞と過去時制の **be** も，数 (もしくは数と人称の組み合わせ)
の区別を示す. 動詞は主語名詞句の人称・数と一致する. 大方の場合，一致
を決定するのは，[The nurse] has arrived. (看護師が到着した) と [The nurses]
have arrived. (看護師たちが到着した) にみるように，主要部の名詞である.
しかし，つぎの 2 例のように，そうではないこともある.

(6) a. [A number of boys] were absent. (男子の多くは欠席していた)

　　 b. [Three eggs] is plenty. (卵 3 つで十分だ)

(6a) の主語名詞句の主要部は単数の number であるのに，主語は複数とし
て扱われている. (6b) では逆に，主要部の名詞 eggs は複数であるが，主
語名詞句はひとまとまりの量を表すものとして扱われている.

　名詞──より正確には名詞の意味──は可算 (count) (たとえば a dog) と
不可算 (non-count) (たとえば some equipment) に分類される. 可算名詞は
数えられるものを表し，one, two, three のような基数詞 (cardinal numeral)
と結合できる. 限定要素には原則として可算名詞としか共起できないもの
(a, each, every, either, several, many など) もあれば，原則として不可
算名詞としか共起できないもの (much, little, a little および単数形での
enough, sufficient) もある. 一般的に，単数可算名詞は限定要素をともな

第 5 章　名詞と名詞句　　　129

わないと名詞句の主要部になることができない．したがって，Your taxi is here.（君のタクシーがきたよ）はいいが，*Taxi is here. は，taxi という単数可算名詞が限定要素なしの名詞句をつくっているから不可である．

第6章　形容詞と副詞

形容詞（adjective）の2大機能として，名詞句における限定修飾要素（attributive modifier）の機能と節構造における叙述補部（predicative complement）の機能がある．

(1) a. 限定修飾要素

an <u>excellent</u> result （<u>秀逸な</u>結果）

b. 叙述補部

The result was <u>excellent</u>. （結果は<u>秀逸</u>であった）

大部分の形容詞はどちらの機能でも使えるが，常に限定用法でしか使えない形容詞や，特定の意味では限定用法だけでしか使えない形容詞もかなりある．たとえば形容詞 sole の場合，a <u>sole</u> parent （ひとり親家庭の親）とはいえるが，*The parent was <u>sole</u>. とはいえない．逆に，叙述補部用法でしか使えない形容詞も少数ある．たとえば，形容詞 asleep は，The child was asleep. （子どもは眠っていた）とはいえるが，*an asleep child とはいえない．

また，形容詞は，後置詞のように，名詞句の主要部後位修飾要素（posthead modifier）として使われることもある．something <u>unusual</u> （ふつうでは<u>ないこと</u>）や the money <u>available</u> （<u>使える</u>お金）では，形容詞が名詞を後ろか

130

ら修飾している.

■ 形容詞句の構造

形容詞の依存要素 (dependent) にも,「修飾要素 (modifier)」と「補部 (complement)」という区別がある. たとえば, 依存要素に下線をひくと, It was [very good]. (それはとてもよかった) や He seems [a bit grumpy]. (彼はちょっと機嫌が悪そうだ) では修飾要素であるが, She is [ashamed of him]. (彼女は彼のことを恥ずかしく思っている) や I'm [glad you could come]. (きてくださって嬉しく思います) では補部である. 補部は, 必ず主要部の形容詞の後にくるので限定用法の形容詞句ではほとんど生起できない. ただ, the minister [responsible for the decision] (その決定について責任のある大臣) のように形容詞が名詞を後位修飾する場合には, 問題なく現れる. わずかな例外はあるが, 形容詞は名詞句を補部にとることはなく, 補部の形は一般的に前置詞句か従属節である.

形容詞句の構造は節や名詞句の構造に比べかなり単純であり, 形容詞句と形容詞という2つのカテゴリーレベルがあればよい. (1) のような例では, excellent は (主要部のみからなる) 形容詞句でありかつ形容詞であるが, 小名詞句の場合と同様, 形容詞句レベルは省略して構造を簡略化することにする.

■ 副詞 (adverb) と副詞句 (AdvP: adverb phrase)

副詞は, ふつう「修飾要素 (modifier)」か「補足要素 (supplement)」として使われる. 補足要素としての副詞とは, Unhappily, the letter arrived too late. (残念ながら, 手紙が届くのが遅すぎました) の下線部のようなものをいい, 後続する節とは音調上切り離された要素である. 形容詞とは異なり, 副詞は叙述補部としては使えない. たとえば, Kim was unhappy. (キムは悲しんでいた) はよいが, *Kim was unhappily. とはいえない.

修飾要素としての副詞と形容詞の違いは, 修飾対象となる主要部のカテゴリーにある. 形容詞は小名詞句を修飾するのに対し, 副詞は (名詞句を含む)

それ以外のカテゴリーを修飾する．たとえば，副詞 almost ならば，下線で示すように，動詞 She [almost died]．(彼女はもう少しで死ぬところだった)，形容詞 an [almost inaudible] response (ほとんど聞き取れない返事)，副詞 He spoke [almost inaudibly]．(彼はほとんど聞き取れないような声で話した)，そして名詞句 They ate [almost the whole pie]．(彼らはパイをほぼ丸ごと食べた)を，それぞれ修飾することができる．

　すべての副詞がこれらのカテゴリーすべてを修飾できるというわけではない．副詞というカテゴリーに入る語を一様に扱うことは難しいので，副詞は伝統的な品詞の中でもっとも均質性の低いものとなっている．しかし，excellent と excellently のように，かなりの割合の副詞が形容詞から接辞 -ly で派生されているという形態的な均質性はある．また，本シリーズでは，副詞と前置詞の境界を再考することにより，副詞というカテゴリーを統語的により均質性の高いものとしている (第7章を参照)．

　依存要素の生起についていうと，副詞は形容詞と同じように修飾要素をとることができる．たとえば，quite excellent と quite excellently を比較すると，excellent も excellently も修飾要素をとっている．しかし，independently of such considerations (そういう考慮とは無関係に) のように副詞で補部をとれるものは非常に数が少ない．構造的には，形容詞の場合と同様，副詞句と副詞という2つのカテゴリーレベルがあればよく，a [remarkably good] performance (極めて優れた演奏) のような副詞単独の例では，副詞句レベルは省略することも多い．

第7章　前置詞と前置詞句

本シリーズが伝統文法と異なる大きな点の1つが前置詞句（preposition phrase）の扱い方である．現代言語学に従い，前置詞（preposition）も句の主要部であり，名詞，形容詞，副詞それぞれが主要部となる句と構造的に平行的な前置詞句をつくるとみなす．前置詞句 to you（君に），of the house（その家の），in this way（このように）における下線部の名詞句は前置詞の補部であり，a few minutes before lunch（昼食前の数分間），straight after lunch（昼食後すぐに）の下線部は修飾要素である．

　動詞の補部と同様，前置詞の補部は，上の例のように目的語であるか，もしくは，They regard him [as a liability].（彼らは彼を厄介者だと考えている）や It strikes me [as quite reasonable].（それはかなりまともなことだと思われる）の下線部のように叙述補部である．なかには，副詞句や節を補部としてとる前置詞もある．たとえば，I didn't meet him [until recently].（最近まで彼に会っていなかった）や，It depends [on how much they cost].（費用がどのくらいかによる）の下線部である．この分析なら，I saw him [before lunch].（昼食前に彼を見かけた）における before だけでなく，I saw him [before he left].（彼が立ち去る前に見かけた）における before も前置詞だと考えることができる．before lunch では前置詞が名詞句を補部にとっているのに対し，

133

before he left では前置詞が節を補部にとっているのである．そして，補部
をとらない動詞句や名詞句などがあるのをみてきたが，それと同じように，
補部のない前置詞句というものもあってよいだろう．実際に，I hadn't seen
him [before]. (それまで彼に会ったことはなかった) の before はそのような前
置詞であるし，I saw him [afterwards]. (その後で彼を見かけた) の afterwards
などは，補部をとることのない前置詞である．このようにすれば，伝統文法
でいう副詞の多くと従属接続詞の大部分は前置詞として分析することができ
るのである．

■ 前置詞残留 (preposition stranding)

前置詞の重要な統語特性に，**残留 (strand)** という前置詞句の後位補部位置
が空所になる現象がある．たとえば，(1i-iii) の3つの文を比較しよう．

(1) i. a. She was talking [to a man].

(彼女は男と話をしていた)

b. I cut it [with a razor-blade].

(かみそりの刃でそれを切った)

ii. a. [To whom] was she talking?

(彼女は誰と話していたのですか)

b. the razor-blade$_i$ [with which$_i$] I cut it

(それを切るのに使ったかみそりの刃)

iii. a. Who$_i$ was she talking [to___$_i$]?

(彼女は誰と話していたのですか)

b. the razor-blade$_i$ that I cut it [with ___$_i$]

(それを切るのに使ったかみそりの刃)

まず，(1i) がふつうの構造である．前置詞句全体が節の基本的な位置を占
め，その中で to と with が名詞句の補部をとっている．つぎに，(1ii) の前
置詞句は，(1iia) では疑問節の核前位位置 (pre-nuclear position) を占め，

第 7 章　前置詞と前置詞句　　　135

(1iib) では関係節の核前位位置を占めている．しかし，(1iii) では前置詞が残留し，補部位置が空所になっている．その空所は核前位の要素と同一指標をもっている．つまり，(1iiia) の空所は疑問詞句と同一指標をもち，(1iiib) の空所は関係節をとる小名詞句の主要部 razor-blade と同一指標をもつ．

第8章　付加部となる節

本シリーズでいう付加部（adjunct）には，節（や動詞句）の修飾要素（modifier）や Unhappily, the letter arrived too late の例でみた補足要素（supplement）（第15章も参照）が含まれる．

　付加部を扱う章は，補部を扱う章と補完的な関係にある（本シリーズでは，ともに第2巻に収録）．補部を扱う章の焦点は，主語や目的語，叙述補部，動詞に選択される前置詞の句である．他方，付加部を扱う章は，典型的な付加部だけでなく，意味的には補部に近い付加部も扱う．たとえば，様態表現は多くの場合付加部であるが，動詞によっては様態を補語としてとるものもいくつかある．They treated us badly.（彼らの我々に対する扱いはひどかった）では，依存要素 badly は義務的であるという点で補部である．They treated us.（彼らが我々におごってくれた）の treat は，ここでみている treat とは意味が異なる．同じように，場所表現も，一般的には I spoke to her <u>in the garden.</u>（庭で彼女に話しかけた）のように静止状態（static situation）を表す文で付加部として使われるが，運動動詞とともに使われるものは動詞が認可する補部である．場所補部には起点（source）と着点（goal）があり，たとえば，Kim drove from Berlin to Bonn.（キムはベルリンからボンまで車で移動した）の場合，起点の補部である from Berlin は出発点を，着点の補部である to

136

Bonn は終点を表す.

　付加部は, 意味に基づいて分類され, 名前が付けられる. 伝統的なカテゴリーとしては, 時間 (time)——本シリーズでは空間領域と時間領域の平行性を明示するため, これを時間的場所 (temporal location) とよぶ——, 期間 (duration), 頻度 (frequency), 程度 (degree), 目的 (purpose), 理由 (reason), 結果 (result), 譲歩 (concession), 条件 (condition) などがある. さらに, それほど一般的ではないカテゴリーもある (訳者注 [1] 参照).

---

[1] 訳者注: 付加部の意味カテゴリーにはさまざまなものがある. 本シリーズ第 2 巻では, 主要カテゴリーとして計 24 のカテゴリーが論じられている. 以下の下線部が付加部の例であり, [ ] 内がカテゴリーの名前である.

(i)	She presented her case very eloquently.	[様態 manner]
	(彼女は自分の主張をとても雄弁に論じた)	
(ii)	They opened it with a tin-opener.	[道具 instrument]
	(彼らはそれを缶切りで開けた)	
(iii)	We solved the problem by omitting the section altogether.	[方法 means]
	(我々はその節を完全に削除することで問題を解決した)	
(iv)	I foolishly omitted to lock the back-door.	[行為関連 action-related]
	(愚かなことに, 私は裏口の施錠を忘れていた)	
(v)	He slept in the TV room.	[空間的場所 spatial location]
	(彼はテレビの部屋で寝た)	
(vi)	He hurried from the scene.	[起点 source]
	(彼は現場から急いで立ち去った)	
(vii)	She went to New York for Christmas.	[着点 goal]
	(彼女はクリスマスにニューヨークへ行った)	
(viii)	We made the mistake of travelling via Heathrow.	[経路 path]
	(我々はヒースロー経由で旅行するというへまをやった)	
(ix)	I crawled towards the door.	[方向 direction]
	(私はドアのほうへ這っていった)	
(x)	They walked five miles.	[範囲 extent]
	(彼らは 5 マイル歩いた)	
(xi)	I woke up at five.	[時間的場所 temporal location]
	(私は 5 時に目が覚めた)	
(xii)	Ken slept for ten hours.	[期間 duration]
	(ケンは 10 時間眠った)	
(xiii)	It was already light.	[アスペクト解釈 aspectuality]
	(すでに明るくなっていた)	

(xiv) I often read in bed. [頻度 frequency]
（私はよくベッドで読書をする）

(xv) She read the book for the third time. [連続順序 serial order]
（彼女がその本を読むのは3度目だ）

(xvi) We enjoyed it very much. [程度 degree]
（それはとても面白かった）

(xvii) He left the door open in order to allow late-comers to enter. [目的 purpose]
（遅れてきた人が入れるように，彼はドアを開けておいた）

(xviii) They had to walk because of the bus-strike. [理由 reason]
（バスのストライキのため，彼らは歩かねばならなかった）

(xix) As the sun sank, the light intensified so that the hills glowed. [結果 result]
（日が沈むについて光は明るさを増し，山々は燃えるようであった）

(xx) I'll come along, though I can't stay very long. [譲歩 concession]
（私も行きます．あまり長居はできませんが）

(xxi) We'll get there before dinner if the train is on time. [条件 condition]
（列車が時間どおりなら，夕食まえにはそこに着くでしょう）

(xxii) Technically, he did not commit an offence. [領域 domain]
（法規上は，彼のやったことは犯罪ではない）

(xxiii) The accident was probably due to a short-circuit. [モダリティ modality]
（事故の原因はおそらく漏電であったのだろう）

(xxiv) Fortunately, we got there on time. [評価 evaluation]
（幸運なことに，我々はそこに時間どおりに到着した）

(xxv) Frankly, I'm disappointed. [発話行為関連 speech-act-related]
（正直にいって，がっかりだ）

(xxvi) There is, moreover, no justification for making an exception. [連結 connective]
（しかも，例外を認めるに足る理由もない）

第9章　否　定

否定の節（negative clause）と肯定の節（positive clause）は，より大きな文構造内でどのような要素といっしょに用いられるかという点で異なる．この違いは以下の3点である．

(1) i.　not even の付加

　　　a.　否定節

　　　　　He didn't read the report, not even the summary.

　　　　　（彼は報告書を読んでおらず，その概要さえ読んでいなかった）

　　　b.　肯定節

　　　　　*He read the report, not even the summary.

　ii.　nor と so

　　　a.　否定節

　　　　　He didn't read the report, and nor did his son.

　　　　　（彼は報告書を読んでおらず，息子も読んでいなかった）

　　　b.　肯定節

　　　　　He read the report, and so did his son.

　　　　　（彼は報告書を読んでおり，息子も読んでいた）

139

iii. 付加疑問

　　a. 否定節

　　　He didn't read it, <u>did he?</u>

　　　（彼はそれを読まなかった<u>ね</u>）

　　b. 肯定節

　　　He read it, <u>didn't he?</u>

　　　（彼はそれを読んだ<u>ね</u>）

1つ目の違いは，（1ia, b）をみるとわかるように，否定節には not even を続けられるが，肯定節には続けられない．2つ目の違いは，（1iia, b）をみるとわかるように，否定節に続く連結の付加部は nor（もしくは neither）からはじまる節であるのに対し，肯定節に続く連結の付加部は so からはじまる節である．3つ目の違いとしては，（1iiia, b）のように，否定節を確認する際の付加疑問（tag question）の形が違う．つまり，否定節には肯定形の付加疑問（did he?）が使われるが，否定形の付加疑問（didn't he?）は使うことができない．一方，肯定節の場合は，否定形の付加疑問（didn't he?）が使われるが，肯定形の付加疑問（did he?）は使うことができない．

　（1i）のように，否定要素によって節が否定の意味になる場合，その否定は「**節否定（clausal negation）**」とよばれる．一方，上記の基準では肯定節であるにもかかわらず，否定要素を含むことがあり，その否定は「**節内部の否定（subclausal negation）**」とよばれる．たとえば，つぎのような例が節内部の否定である．

（2）i. <u>Not for the first time</u>, she found his behaviour offensive.

　　　（<u>初めてのことではなかった</u>が，彼女には彼の態度がしゃくに障った）

　　ii. We'll do it <u>in no time</u>.（すぐにやります）

　　iii. They were rather <u>unfriendly</u>.

　　　（彼らはかなり<u>無愛想</u>だった）

第 9 章　否定　　141

節内部の否定は not even を続けられず，nor ではなく so をとり，否定形の付加疑問をとる．たとえば，*They were rather unfriendly, not even towards me. からわかるように，not even を付加できない．また，Not for the first time, she found his behaviour offensive, and so indeed did I. (初めてのことではなかったが，彼女には彼の態度がしゃくに障ったし，たしかに私にもしゃくに障った) のように，nor ではなく so で連結の付加部をつくる．最後に，付加疑問は，We'll do it in no time, won't we? (すぐにやりましょうね) のように否定形をとるのである．

■ 極性項目 (polarity-sensitive item)
肯定文脈もしくは否定文脈への指向性をもつ，極性への感度の高い語や表現が多数ある．たとえば，つぎの (a) と (b) を比較してみよう．

(3) i. a.　She doesn't live here any longer.

　　　　　　（彼女はもうここには住んでいない）

　　 b. *She lives here any longer.

ii. a.　He was feeling somewhat sad.

　　　　　　（彼はちょっと悲しく思っていた）

　　 b. *He wasn't feeling somewhat sad.

((3iib) の文は，「彼がちょっと悲しんでいる」という先行の主張を否定する文としては文法的であるが，その用法はここでは脇に置く．) (3ia, iia) と (3ib, iib) を比較すると，any longer は否定への指向性があるのに対し，somewhat は肯定への指向性があることがわかる．否定指向の項目としては，ほかに any，anymore，ever，限定詞の either，yet，at all などがあり，肯定指向の項目としては some，someone，（程度の意味の）pretty，already，still などがある．

　ただし，ここでいう「指向性」とは，単に否定の文脈か肯定の文脈かということではない．たとえば，any longer は否定文だけでなく，つぎのよう

に，疑問文や条件の if の補部にも生起する．Will you be needing me <u>any longer</u>?（もっといたほうがよろしいでしょうか）や，If you stay <u>any longer</u> you will miss your bus.（これ以上いるとバスに乗り遅れますよ）の下線部がその例である．これらの節と否定節の共通点は，「肯定の主張を意図して使われているのではない」という点である．そこで，これらの節（とほかのいくつかの節）をまとめて，「**非肯定（non-affirmative）**」という用語でよぶことにしよう．そうすると，たとえば any longer は非肯定の文脈に生じると特徴付けることができるようになる．したがって，any longer は「否定指向の極性表現」とよぶよりも，「非肯定表現」とよぶほうがふさわしい．

■否定の作用域（scope of negation）

否定文の解釈で重要になるのは，否定が文のどの部分に及ぶかという否定の「作用域（scope）」の問題である．たとえば，つぎの 2 文の解釈を比較してみよう．

(4) i. Not many members answered the question.

[many は not の作用域内]

（質問に回答したメンバーは多くなかった）

ii. Many members did not answer the question.

[many は not の作用域外]

（多くのメンバーが質問に回答しなかった）

これらの真理条件（truth condition）は明確に異なる．1,000 人のメンバーがいて，そのうち 600 人は回答したが 400 人は回答しなかったという状況を考えてみよう．その場合，(4ii) は真といってよいが，(4i) は明らかに偽である．

　この違いは，否定要素と数量詞の相対的な作用域関係に由来する．(4i) では，many は否定される部分の一部（というより中心的部分）であり，「回答したメンバーの数は多くなかった（The number of members who answered

was not large.)」という解釈になる．一方，(4ii) では，many は否定される
部分には含まれておらず，「回答しなかったメンバーの数は多かった (The
number of members who didn't answer was large.)」という解釈になる．
このことから，(4i) の many は否定 (not) の作用域内にある，または，「否
定要素は many より広い作用域をもつ」といえる．逆に (4ii) では，many は
否定の作用域の外にある，あるいは many が否定要素より広い作用域をも
つといえる．なぜなら，(4ii) の many は否定の特性をもつ人々の集合と
なっているからである．

(4) での not と many の相対的な作用域関係は，語順によって決まると
いえる．しかし常に単純にそういえるわけではない．たとえば，つぎの例を
比較してみよう．

(5) i. You need not answer the questionnaire.　[need は not の作用域内]
(アンケートに答える必要はない)

　　 ii. You must not answer the questionnaire.　[must は not の作用域外]
(アンケートに答えてはならない)

　　 iii. I didn't go to the party because I wanted to see Kim.　[曖昧]
(キムに会いたいのでパーティーには行かなかった)
(キムに会いたくてパーティーに行ったのではない)

(5i) の文では，否定要素がそれに先行する need より広い作用域をもってお
り，「あなたが答える必要はない (There isn't any need for you to an-
swer.)」という解釈になる．他方，(5ii) の文では，must が否定要素より広
い作用域をもち，「あなたが答えないことが必要だ (It is necessary that you
not answer.)」という解釈になる．さらに，(5iii) の文は，音調 (intonation)
という発音上の区別がなければ，作用域に関して曖昧である．because 節が
否定の作用域の外にある場合には，「私がパーティーに行かない理由」を述
べる節となる．つまり，「私がパーティーに行かないのは（そのパーティー
にはいない）キムに会いたいからだ (The reason I didn't go to the party

was that I wanted to see Kim (who wasn't going to be there).)」という解釈になる．一方，because 節が否定の作用域内にある場合には，（パーティーにきているはずの）キムに会いたくてパーティーに行ったのではない，という解釈になる．この場合，私がパーティーに行った理由はほかにあるという含意（implicature）がある．

第10章　節のタイプと発話力

専門用語としての「**節のタイプ**（**clause type**）」とは，平叙文，疑問文，命令文などを区別する構造的な特徴をいう．主なカテゴリーはつぎのとおりである．

(1)　i.　平叙文

　　　She is a good player. （彼女はいい選手だ）

　　ii.　閉鎖疑問文

　　　Is she a good player? （彼女はいい選手ですか）

　　iii.　開放疑問文

　　　How good a player is she? （彼女はどの程度優れた選手ですか）

　　iv.　感嘆文

　　　What a good player she is! （彼女は何と優れた選手なのだろう）

　　v.　命令文

　　　Play well! （うまくやれ）

　まず，統語形式としてのカテゴリーと意味や使用のカテゴリーをはっきりと区別する．たとえば，You're leaving?（お帰りです?）を上昇音調で発話すると，統語的には平叙文だが問いかけ（question）として用いられる．

145

問いかけ（question）ごとに可能な答え（possible answers）が決まっている．可能な答えという点で分類すると，問いかけには，極性性のもの（polar question），選択性のもの（alternative question），および，変項性のもの（variable question）があることがわかる．極性性の疑問文は，Is this yours?（これは君のものか）のように Yes か No で答えられる．選択性の疑問文は，Is this Kim's or Pat's?（これはキムのものか，パットのものか）の答えが Kim's か Pat's であるように，選択肢で答える．変項性の疑問文 Whose is this?（これは誰のものか）は，"This is x's" という開放命題（open proposition）のなかの変項 x の値が答えとなる．

発話行為（speech act）には，主張（assertion），問いかけ（question），命令（order）などがある．とくに，This is Kim's.（これはキムのものだ）などといって主張を行う場合，この発話は主張という**発話力 (illocutionary force)** をもつ．命令文（imperative clauses）は，典型的に，「指図（directive）」という発話行為と結びつく．「指図」という発話行為には要求（request），命令（order），指令（command），懇願（entreaty），教示（instruction）などが含まれる．しかし，(1) の各文に結びつく発話力の種類はほかにもまだたくさんある．たとえば，I promise to be home by six.（6時には家にいると約束します）という平叙文は，約束（promise）という力をもつものとしてよく使われるし，We apologise for the delay.（遅れたことをお詫びします）という平叙文は謝罪（apology）という力をもつものとしてよく使われる．

■間接的発話行為 (indirect speech act)

発話力は，直接的ではなく間接的に伝えられることも多い．たとえば Would you like to close the window?（窓を閉めていただけますか）という文の場合，統語的にはこれは閉鎖疑問文（closed interrogative）であり，文字どおりには（yes, no で答える）「質問（inquiry）」の力をもつが，実際にはドアを閉めるよう頼む「指図（directive）」の表現として使われることのほう

が多い．多くの状況において，間接的な指図のほうが直接的な指図より丁寧であると考えられることから，指図については，こういう間接的な発話行為（indirect speech act）がとくによく使われる．

第11章　内容節と引用話法

本シリーズ第1巻，第6巻，第7巻では，基本的に従属節（subordinate clause）を扱う．従属節は「定形（finite）」と「非定形（non-finite）」に分けられ，定形のものはさらにつぎのように分けられる．

(1)　定形の従属節

　　i.　関係節

　　　　The one who laughed was Jill.（笑ったのはジルだ）

　　　　This is the book I asked for.（欲しかった本はこれだ）

　　ii.　比較節

　　　　It cost more than we expected.（思っていたより費用がかかった）

　　　　He isn't as old as I am.（彼は私ほど年をとっていない）

　　iii.　内容節

　　　　You said that you liked her.（彼女が好きだと君はいった）

　　　　I wonder what he wants.（彼は何が欲しいのだろうか）

(1i–iii) のうち，(1iii) の内容節（content clause）が無標である．なぜなら，内容節は (1i) の関係節（relatives）や (1ii) の比較節（comparatives）がもつ特別な統語特性をもたないからである．

148

第 11 章　内容節と引用話法　　149

　伝統文法で従属節を分類するのに使われる名詞節，形容詞節，副詞節とい
うカテゴリーは，本シリーズでは使わない．その理由は 2 つある．第 1 に，
語をカテゴリー分けするのに使われる機能的な基準を，従属節のカテゴリー
に適用しても分類がうまくいかないからである．第 2 に，伝統文法でいう
副詞節（または副詞的節）は，本シリーズの分析では前置詞を主要部とし，
内容節を補部とする前置詞句となるからである．たとえば，before you
mentioned it（あなたがそのことに触れる前に），if it rains（雨が降ったら），be-
cause they were tired（彼らは疲れていたので）などは，伝統文法では副詞節で
あるが，本シリーズの分析では前置詞句である（第 7 章を参照のこと）．

■ 節のタイプ（clause type）
主節だけでなく従属節も，タイプ別に分けることができる．第 10 章の（1i-iv）
に対応する従属節の例はつぎのとおりである．

(2)　i.　平叙節

　　　　They say that she is a good player.

　　　　（彼女はいい選手だと彼らはいっている）

　　ii.　閉鎖疑問節

　　　　They didn't say whether she is a good player.

　　　　（彼女がいい選手かどうか彼らはいわなかった）

　iii.　開放疑問節

　　　　I wonder how good a player she is.

　　　　（彼女はどの程度優れた選手なのだろうか）

　iv.　感嘆節

　　　　I'll tell them what a good player she is.

　　　　（彼女がどれほど優れた選手であるか，彼らにいっておきます）

従属節には命令節はない．ただし，従属節における平叙節の特殊ケースとし
て，It is important that she be told.（彼女にいっておくことが大切だ）の下線部

150 第Ⅱ部　統語論概観

のような「命令的構造（mandative construction）」がある．この例では内容節に仮定法が用いられているが，It is important that she should be told.（彼女にいっておくことが大切だ）や，It is important that she is told.（彼女にいっておくことが大切だ）のように，法助動詞の should，もしくは法助動詞なしの動詞時制形を使うこともある．

　内容節はふつう，(2) の下線部のように，より大きな構文の補部として機能するが，付加部としてはたらく内容節もある．たとえば，What is the matter, that you are looking so worried?（どうされたのですか，ご心配のご様子ですが）の下線部や，He won't be satisfied whatever you give him.（あの男は，何をあげたところで喜ぶ男ではない）の下線部である．最後の例では，whatever ではじまる節が，条件の付加部としてはたらく特殊な疑問文となっている．「網羅的条件を表す付加部（exhaustive conditional adjunct）」とよばれる種類のものである．

■ 引用話法（reported speech）
内容節（content clause）は，「間接引用話法（indirect reported speech）」で使われることもある．この用法は，つぎのように，「直接引用話法（direct reported speech）」と対をなす．

(3)　i.　Ed said, "I shall do it in my own time."　　　　［直接引用］
　　　　（エドは「都合のいい時に私がそれをやっておきます」といった）

　　ii.　Ed said that he would do it in his own time.　　　［間接引用］
　　　　（エドは都合のいい時に自分がそれをやっておくといった）

(3i) の下線部は主節であり，エドが実際にいったことばそのものである．一方，(3ii) の下線部は従属節であり，こちらはエドがいったことの内容を伝えるだけである．

第12章　関係節と非有界的依存関係

もっとも一般的な関係節は，名詞句構造において小名詞句（nominal）内部の修飾要素となる．つぎの例では，[　] の部分は名詞句のレベル，note which she wrote, note that she wrote は小名詞句のレベルである．下線部の関係節が，小名詞句のレベルの修飾要素である．

(1) a.　Here's [the note which she wrote].
　　　　（これが彼女の書いたメモです）

　　 b.　Here's [the note that she wrote].
　　　　（これが彼女の書いたメモです）

(1a) の関係節のように，who, whom, whose, which, when などの関係詞をもつ関係節を「**wh 関係節**（*wh* **relatives**)」という．wh 関係詞は，従属節を修飾先の先行詞に関係づける代用形（pro-forms）の一種である．一方，(1b) の関係詞は「**that 関係節**（*that* **relatives**)」である．that は代用形（伝統文法のいう関係代名詞）ではなく，第 11 章の (2i) They say that she is a good player. の that と同じもの，つまり平叙の内容節でも使われる従属接続詞（subordinator）と考える．that はしばしば省略され，Here's [the note she wrote]. のような「**裸関係節**（**bare relatives**)」を生む．これら 3 つの例

151

152 第 II 部 統語論概観

のどの場合も，wrote の目的語には空所（gap）がある（第 2 章参照）．wh 関係節の空所は，Here's [the [note$_i$ [which$_i$ she wrote ___$_i$]]] のように，核前位の which と 'i' という同一指標（co-indexed）をもち，さらに which が先行詞の note と同一指標をもつ．一方，that 関係節と裸関係節（that 省略形）では，空所は先行詞の note とだけ同一指標をもつ．具体的には，それぞれ，Here's [the [note$_i$ [that she wrote ___$_i$]]], Here's [the [note$_i$ [she wrote ___$_i$]]] と表示できる．

　関係節は，その統語的機能によっても分類できる．（1）のように，より大きな構造の依存要素として機能するものを「**統合型（integrated）の関係節**」という．一方，We invited Jill, who had just returned from Spain.（我々はジルを招待したが，彼女はスペインから帰国したばかりだった）の下線部のように，文のほかの部分と音調上独立したものを「**補足型（supplementary）の関係節**」という．統合型と補足型という 2 種類は，伝統的に，それぞれ制限関係節（restrictive relative clause）と非制限関係節（non-restrictive relative clause）とよばれる．しかし，統語的ならびに音調的に文に統合されている関係節が常に意味的に制限的であるわけではないので，本シリーズではこれらの用語は使用しない．

　最後に，つぎの下線部は「**融合型（fused）の関係節**」の例である．

(2)　I've already spent what you gave me yesterday.　　　［融合型関係節］
　　（昨日君がくれた分はもう使いきってしまったよ）

統合型や補足型の例とは違い，（2）の下線部は節ではなく名詞句である．分布の点でも意味の点でも，the money which you gave me yesterday（昨日君が私にくれた金）や，非常に改まった that which you gave me yesterday（昨日君が私にくれたもの）のように，名詞句であることが明らかな表現と平行性を示す．なぜ「融合型」とよぶかというと，（2）の what は，名詞句全体の主要部であると同時に，名詞句内の関係詞の核前位要素であるからである．それら 2 つの機能が what に融合しているので「融合型」とよぶ．

第 12 章　関係節と非有界的依存関係　　153

■非有界的依存構文

関係節は，開放疑問節（open interrogatives），感嘆節（exclamatives），その
ほか多くの節とともに，「**非有界的依存構文（unbounded dependency con-
struction）**」というクラスを形成する．「非有界的」とは，「上限がない」と
いう意味である．この特徴をつぎの wh 関係節で考えてみよう．

(3)　i.　Here's the note$_i$ [which$_i$ she wrote ＿$_i$].

　　　（これが，彼女が書いたメモだ）

　　ii.　Here's the note$_i$ [which$_i$ he said she wrote ＿$_i$].

　　　（これが，彼女が書いたと彼がいっていたメモだ）

　　iii.　Here's the note$_i$ [which$_i$ I think he said she wrote ＿$_i$].

　　　（これが，彼女が書いたと彼がいっていたと思われるメモだ）

これらの例の which は，いずれの場合も，動詞 wrote の目的語として解釈
されるので，write 節（the *write* clause）の目的語位置の空所と同一指標を
もつ（訳者注[1]を参照）．(3ii) では write 節が say 節の補部として埋め込まれ，
(3iii) ではその say 節が think 節に埋め込まれている．このように，文法的
には制限を受けずに，さらに埋め込み（embedding）を続けていくことがで
きるのである．つまり，空所と which の間には依存関係が成立するが，そ
れは空所が関係節にどれほど深く埋め込まれていても成立するものであり，
「非有界的」すなわち上限のない依存関係である．

---

　[1] 訳者注：第 3 章の注 1 でみたように，節は動詞を大本の主要部とすることから，動詞
を使って名付けることができる．(3i-iii) の場合，一番深く埋め込まれた節は「write 節」
とよぶことができる．

第13章　比較構文

比較節（comparative clause）は，than, as, like の補部として機能する．主節との大きな違いとして，比較節は，構造が特定の方法で「縮約（reduced）」されるという特徴をもつ．たとえば，つぎの例をみてみよう．

(1) a. She wrote more plays than [he wrote ___ novels].
    （彼女は彼が書いた小説の数より多くの数の戯曲を書いた）

 b. He's as old as [I am ___].
    （彼は私と同年齢だ）

(1a) では，彼女が書いた戯曲の数と彼の書いた小説の数が比較され，「彼女は x 冊の戯曲を書き，彼は y 冊の小説を書き，x は y より大きい値である（She wrote x many plays; he wrote y many novels; x exceeds y.）」という解釈がなされる．"y many"「y 冊」に相当する限定要素位置は，*She wrote more plays than he wrote five novels. が許されないことからわかるように空（empty）にしておかなければならない．(1b) は，「彼の年齢（x）は少なくとも私の年齢（y）と同じである（He is x old; I am y old; x is at least

154

equal to *y*.)」と解釈される（訳者注[1]を参照）．比較節には *y* に相当する修飾要素だけでなく old も生起できない．つまり，*He's as old as I am old. とはいえない．

(1a) の more は限定要素 **many** の屈折形（inflectional form）であり，more expensive のような表現をつくる程度副詞の more とは統語的に別物である．(1a) の more や cheaper が「屈折による比較標示（inflectional comparative）」であるとすれば，more expensive は more という独立した語で比較を標示する「分析的比較形（analytic comparative）」である．同じように，I have less patience than you.（私はあなたほど忍耐強くはありません）における less は，限定要素 **little** の屈折形であるのに対し，It was less painful than I'd expected.（予想していたほど痛くなかった）における less は程度副詞である．

(1a) は「不等比較（comparison of inequality）」の例，(1b) は「同等比較（comparison of equality）」の例である．ここでいう「同等」とは「同等の値を最低値とする」（それと同等もしくはそれより優勢）として理解すべきである（訳者注[2]を参照）．同等比較の形は，same の後：She went to the same school as I did.（彼女は私と同じ学校に行った），such の後： Such roads as

---

[1] 訳者注：ここで「少なくとも」といっているのは，実際には，彼のほうが少しだけ私よりも年上の場合も可能だからである．注2を参照．

[2] 訳者注： つまり，同等比較の構文は，不等比較の2パターンである「優勢比較（comparison of superiority）」と「劣勢比較（comparison of inferiority）」のうち，劣勢比較の解釈を排除する．優勢比較の解釈については排除しない．これについて，本シリーズ第7巻では，つぎのような説明がなされている．

   (i)   Jill is as clever as Liz.   [Jill may be cleverer]
   (ii)   Jill is not as clever as Liz.   [Jill must be less clever]

例 (i) は，「ジルがリズより賢い」という解釈と矛盾しない．このことは，たとえば，Jill is as clever as Liz, somewhat more so in fact.（ジルはリズと同じくらい賢い．実際，リズより賢い）といえることからわかる．例 (ii) は (i) を否定したものであるが，(i) のもつ，厳密に同等という解釈と優勢比較の解釈の両方が否定されている．その結果，(ii) は劣勢比較の解釈だけをもつことになる．

they had were in appalling condition. (道という道すべてがひどい状態にあった), および as の独立節: As you know, we can't accept your offer. (ご存じのように, 当方ではお申し出を受け入れることはできません) でも使われる.

第 14 章　非定形節と動詞を欠いた節

非定形節（non-finite clause）は，動詞の屈折形によって分類することができる．動詞が無標形（plain form）のものは「**不定詞節 (infinitival clause)**」であり，これは，さらに，動詞句接続詞（VP subordinator）の to の有無に応じて「**to 不定詞節 (*to*-infinitival)**」と「**裸不定詞節 (bare infinitival)**」に分かれる．動詞を欠いた「**無動詞節 (verbless clause)**」も含めると，非定形節は以下のように分類できる．

(1)　i.　to 不定詞節

　　　It was Kim's idea to invite them all.

　　　（彼ら全員を招待するというのはキムの考えだ）

　　ii.　裸不定詞節

　　　She helped them prepare their defence.

　　　（彼女は，彼らが弁護の準備をする手助けをした）

　　iii.　動名詞・分詞節

　　　Calling in the police was a serious mistake.

　　　（警察を呼んだのは大きな間違いであった）

　　iv.　過去分詞節

157

This is the proposal recommended by the manager.

（これは支配人に勧められた提案です）

v. 無動詞節

He was standing with his back to the wall.

（彼は壁に背を向けて立っていた）

動詞のある（1i–iv）のタイプについては，用語に「節」をつけ，節の名称とすることで，動詞の屈折形の名称——たとえば「動名詞・分詞（gerund-participle form）」や「過去分詞（past participle）」など（第3章参照）——と区別する.

　非定形節には顕在的（overt）な主語，つまり，発音される主語がないことが多いが，解釈に際しては，言語的・非言語的文脈から主語に当たるものが復元（retrieved）される. また，John$_i$ is easy [to please ___$_i$]（ジョンは喜ばせやすい）や This idea$_i$ is worth [giving some thought to ___$_i$]（この案は考えてみる価値がある）のように，主語ではない名詞句が欠けた非定形節もある. 1つ目の例では John が please の目的語として解釈され，2つ目の例では this idea が前置詞 to の補部として解釈される. このような非定形節を「**穴開き節（hollow clause）**」とよぶ.

　to 不定詞節が音形のある顕在的な主語をもつ場合は，[For them to take the children] could endanger the mission.（彼らがその子たちを受け入れると，任務の遂行が危ぶまれる可能性がある）のように for ではじまる. この for は，定形平叙節をつくる that，たとえば，第11章の（2i）They say that she is a good player. の that と同様，節接続詞（clause subordinator）であると考える.

■連鎖構造（catenative construction）

非定形節は，補部（complement）としても修飾要素（modifier）としても補足要素（supplement）としても使われる. とりわけ注目すべきは，つぎのよう

第 14 章　非定形節と動詞を欠いた節　　159

に，節の中で「**連鎖補部 (catenative complement)**」をつくる機能である．

(2)　i.　a.　Max seemed to like them.

　　　　　（マックスは彼らが気に入ったようだった）

　　　　b.　Jill intended to join the army.

　　　　　（ジルは入隊するつもりだった）

　ii.　a.　Everyone believed Kim to be guilty.

　　　　　（全員，キムが有罪だと思っていた）

　　　b.　She asked me to second her motion.

　　　　（彼女は私に動議に賛成するよう頼んだ）

下線部に「連鎖 (catenative)」という用語を使うのは，この構造が「回帰的 (recursive)」，つまり繰り返しが可能だからである．She intends to try to persuade him to help her redecorate her flat. (彼女は，アパートの部屋の模様替えをするのを手伝ってくれるよう彼の説得を試みるつもりだ) のように，非定形補部をとる動詞が繰り返されると，非定形節の連鎖ができる．「連鎖」という用語は，非定形補部だけでなく，それを認可する動詞，(2) の例であれば，seem, intend, believe, ask などにも，動詞＋補部を含む構造にも使うことができ，「連鎖補部」「連鎖動詞」「連鎖構造」などという用語を作り出す．本シリーズでは，この種の非定形節は，1 つの独立したタイプの補部であると考える．つまり，こうした非定形節は，動詞の名詞句補部の目的語や叙述補部の機能の 1 つとすることはできないのである．また，連鎖動詞の特殊ケースとして，You may be right. (あなたのおっしゃるとおりかもしれません)，She is writing a novel. (彼女は小説を書いている)，They have left the country. (彼らはその国を離れた) の下線部のような非定形補部をとる助動詞がある．

　(2i) と (2ii) の統語構造の違いに着目してみよう．(2i) では，非定形補部が連鎖動詞の直後にきているのに対し，(2ii) では，補部と動詞の間に名詞句が介在している．(2i) の型を「単純連鎖構造 (simple catenative construction)」，(2ii) の型を「複雑連鎖構造 (complex catenative construction)」と

よぶことにしよう. (2ii) の介在名詞句 ((2iia) の Kim, (2iib) の me) は, 主節の目的語である（ただし, 介在名詞句が主節の目的語ではないような複雑連鎖構造もある). 一方, (2ia, 2iia) と (2ib, 2iib) の間には, 重要な意味的な違いがある. つまり, (2ia) の Max と (2iia) の Kim は「**繰り上げ補部 (raised complement)**」であるのに対し, (2ib) の Jill と (2iib) の me は繰り上げ補部ではない. 繰り上げ補部とは, 実際に現れている位置よりも, 意味的には低い位置（従属節内）に属しているような補部のことをいう. たとえば, (2ia) の Max は, 統語的には seem の主語であるが, Max と seem の間に直接的な意味関係はない. むしろ, より「低い」ところにある like them と意味的関係をもっている. このことは, (2ia) のパラフレーズである It seemed that Max liked them. (マックスは彼らが気に入ったようだった) を考えてみるとわかる. この文では, Max は統語的にも意味的にも従属節に属している. 同じように, (2iia) の Kim は, 統語的には believe の目的語であるが, Kim と believe の間に直接的な意味関係はない. 意味的には, Kim はより低いところにある be guilty とつながっている. これも, (2iia) のパラフレーズである Everyone believed that Kim was guilty. (全員, キムが有罪だと思っていた) では, Kim が統語的にも意味的にも be 節に属することから明白である.

第 15 章　等位と補足

ここでは，これまでみてきたものとは違い，主要部と依存要素の関係を含まない構文を 2 つ紹介する．

■等位

等位（coordination）とは，2 つ以上の要素が統語的に対等な関係にあることをいう．要素のそれぞれは「等位項（coordinate）」とよばれ，普通はand, or, but などの「等位接続詞（coordinator）」で連結される．つぎに例をあげる．

(1) i.　[She wants to go with them, but she can't afford it.]　［節等位］
　　　　（彼女は彼らといっしょに行きたいと思っているが，その金がない）

　 ii.　I've invited [the manager and her husband].　　　［名詞句等位］
　　　　（部長とそのご主人を招待しました）

　iii.　She'll be arriving [tomorrow or on Friday].　［名詞句・前置詞句等位］
　　　　（彼女は明日もしくは金曜日に到着の予定です）

(1i–ii) の [ ] で囲まれた部分を，それぞれ（節ではなく）「節等位（clause-coordination）」，（名詞句ではなく）「名詞句等位（NP-coordination）」とよ

161

ぶことにする（第1章も参照のこと）．等位項同士は，統語的に似たものでなければならないが，要求されるのは，一般的に範疇の類似性ではなく機能の類似性である．たとえば，(1iii) の等位項を考えてみよう．She'll be arriving tomorrow.（彼女は明日到着の予定です）という節の下線部は名詞句であり，一方，She'll be arriving on Friday.（彼女は金曜日に到着の予定です）という節の下線部は前置詞句である．つまり，範疇は異なっている．しかし，tomorrow も on Friday も時を表す付加部という同じ機能をはたしているので，(1iii) のように等位接続することができるのである．(1iii) の付加部である [　] で囲まれた等位構造全体は明らかに名詞句でも前置詞句でもない．本シリーズはこれを「名詞句・前置詞句等位（NP/PP-coordination）」と分析する．

　等位のかたちは，構造内のほぼどこにでも現れうる．たとえば，Kim bought two houses.（キムは家を2軒購入した）という文中のどの構成素も，Kim and Pat bought two houses.（キムとパットは家を2軒購入した）や Kim bought and sold two houses.（キムは家を2軒購入し，売却した）のように，等位のかたちに変えることができる．つまり，構成素 X がはたす機能は，X が等位のかたちになってもそのまま引き継がれると考えてよい．ただし，本シリーズ第8巻では，その例外も考察する．

　等位構造の重要な特徴として，1つの構文の中で連結できる等位項の数には文法的な制限がないということもみておこう．たとえば，(1ii) の名詞句等位の等位項は2つだが，より多くの等位項を連結することもできる．たとえば，I've invited [the manager, her husband, the secretary, your uncle Tom, and Alice].（部長，部長のご主人，秘書，君のおじさんのトム，そしてアリスを私は招待しました）のような連結である．この文では5つの等位項が連結されているが，それ以上の数の等位項を連結することも可能である．

■補足

補足構造（supplementation）は，「**拠点要素（anchor）**」と「**補足要素（supplement）**」を含む構造のことをいう．補足要素は，拠点要素と意味的には

第 15 章　等位と補足　　　163

関係をもつが，その依存要素（dependent）ではなく，統語構造上は独立している．つまり，補足要素は，音調的にも拠点要素と独立しており，典型的に「挿入（interpolation）」もしくは「添加（appendage）」となる．後者は，補足要素が節の最初や最後にゆるく添加されることをいう．以下，（2i）が挿入の例，（2ii）が添加の例である．

(2) i. Her father—he's the guy talking to the Mayor—has agreed to finance the deal.

（彼女の父親，町長と話しているあの人ですが，あの人は取引に金を出すことに同意しました）

ii. I finally volunteered to go first, a decision I quickly came to regret.

（しまいには自分が最初にいきますと名乗りでたものの，その決断をすぐに後悔した）

第 12 章で触れたように，伝統的に非制限関係節とよばれるものも補足要素として分析する．

第 16 章　情報パッケージ

第 2 章でみたように，基本的（canonical）な構造と非基本的（non-canonical）な構造の違いが，真理条件（truth condition）や発話力（illocutionary force）の違いではなく，情報内容の提示方法の違いにあることも多い．そのような非基本的構文を「**情報パッケージ構造（information-packaging construction)**」とよぶことにしよう．下にあげる（1）の各ペアのうち，上が情報パッケージ構造の例であり，下はそれに対応する基本形である．

(1)　i.　前置文　This one I'm giving to Jill.

　　　　　　　　（これを，ジルにあげようと思っている）

　　　　　　　　I'm giving this one to Jill.

　　　　　　　　（ジルにこれをあげようと思っている）

　　ii.　後置文　He gave to charity all the money she had left him.

　　　　　　　　（彼が慈善事業に寄付したのは，彼女の残した全財産だ）

　　　　　　　　He gave all the money she had left him to charity.

　　　　　　　　（彼は，彼女の残した全財産を慈善事業に寄付した）

　　iii.　倒置文　In the bag were two knives.

　　　　　　　　（バックの中にはナイフが 2 本入っていた）

第16章 情報パッケージ　　165

Two knives were in the bag.

（ナイフが2本，バックの中入っていた）

iv. 存在文　There is one guard outside.

（外に守衛が1人いる）

One guard is outside.

（守衛が1人外にいる）

v. 外置文　It's clear that it's a forgery.

（明らかにそれは偽物だ）

That it's a forgery is clear.

（それが偽物であることは明らかだ）

vi. 分裂文　It was a bee that stung me.

（私を刺したのは蜂だ）

A bee stung me.

（蜂が私を刺した）

vii. 受動文　I was attacked by their dog.

（私は彼らの犬に襲われた）

Their dog attacked me.

（彼らの犬が私を襲った）

（1iii）の「倒置文」の「倒置」とは，「主語と依存要素の倒置（subject-dependent inversion）」の略であり，主語と助動詞の倒置（subject-auxiliary inversion）とは異なる．この例では，主語 two knives と場所の補部 in the bag が倒置されている．Soon afterwards came the second package.（しばらくたってから，2つ目の荷物が届いた）という例においては，主語 the second package が，時間の付加部 soon afterwards と倒置されている．

（1i-iii）の場合，ペアをなす文の間の統語的な違いは語順だけであるのに対し，（1iv-vii）のペアの間には統語機能の違いもある．たとえば，（1iv）の存在文 There is one guard outside. の場合，ダミーの（意味をもたない）

代名詞 there の統語的機能は主語であるのに対し，one guard の統語的機能は「**転移主語 (displaced subject)**」である．同じように，(1v) の外置文 It's clear that it's a forgery. の場合，ダミーの代名詞 it の統語的機能は主語であるのに対し，that it's a forgery の統語的機能は「**外置主語 (extraposed subject)**」である．「転移主語」と「外置主語」は，それ自体主語ではないが意味的に主語のように解釈されるものを指し，典型的にはより基本的な構造の主語に対応する．外置の it は，I find it strange that no one noticed the error. (誰も間違いに気付かなかったのは変だ) のように目的語位置に現れることもある．この場合，埋め込みの内容節の that no one noticed the error が「外置目的語 (extraposed object)」として機能している．

　分裂文では，対応する基本形の要素が前景 (foreground) と背景 (background) の 2 つの部分に分けて提示される．(1vi) の It was a bee that stung me. の場合，a bee が前景化された部分であり，動詞 be の補部として機能している．一方，stung me は背景化された部分であり，従属節，つまり関係節の中に置かれている．また，この分裂文は be の主語としてダミーの代名詞 it をもつ「it-分裂文 (*it*-cleft)」であるのに対し，What stung me was a bee. (私を刺したのは蜂だ) のように背景化要素が融合型関係節 (fused relatives) の中に現れたものは「**擬似分裂文 (pseudo-cleft)**」とよばれる (訳者注 1 参照)．

---

　　1 訳者注：「分裂文 (cleft)」という用語は，it-分裂文と擬似分裂文をまとめた用語であるが，実際は it-分裂文のほうだけを指すことが多い．また，擬似分裂文は「wh 分裂文 (*wh*-cleft)」とよばれることもある．

　What stung me was a bee. の形をなぜ「擬似 (pseudo)」というのだろうか．それは，It was a bee that stung me. の形と違い，基本形とのペアが成り立たないことが多いからである．たとえば，つぎの (i) の例の場合，(ia) の擬似分裂の形はあっても，(ib) のような対応する基本形がない．一方，(ii) の例では，(iib) に対応するものとして (iia) のような擬似分裂文をつくることができない．

　　(i) a.　What is unique about milk is its richness in minerals and vitamins.
　　　　　　(牛乳がほかと違う点は，ミネラルとビタミンが極めて豊富という点だ)
　　　 b.　*Its richness in minerals and vitamins is unique about milk.

第16章　情報パッケージ　　167

　（1vii）の受動文 I was attacked by their dog. と能動文 Their dog attacked me. の違いは，意味役割（semantic roles）と統語機能（syntactic functions）の対応の仕方にある．能動文の目的語は受動文では主語として現れ，能動文の主語は受動文では by の補部として現れる．また，受動文には，助動詞 be が現れ，過去分詞形の補部をとる．能動文の主語は外部補部（external complement）であるのに対し，対応する受動文の by 句は内部化された補部，すなわち，受動文の動詞句の内部補部（internal complement）である．by 句は一般的に随意的である．（1vii）の I was attacked by their dog. のように，by 句がある受動文を「**長い受動文（long passive）**」とよぶ．一方，I was attacked. のように by 句がないものを「**短い受動文（short passive）**」とよんで区別することにする．

■ 語用論的な制約

（1）でみたように，通常とは異なる方法で情報を提示している構造を情報パッケージ構造という．談話においては，情報パッケージ構造は対応する基本構文より使用が制限される傾向にある．この制約の要因としてとりわけ重要なのは，提示される情報の新旧（未知か既知か）と統語的構成素の重さという2つである．

　まず，話し手が，自分と聞き手との間で共有されていると思っている情報を「**旧情報（old information）**」という．旧情報の中で，談話（discourse）内ですでに与えられている情報は，とくに「談話内の旧情報（discourse-old information）」とよばれる．また，「聞き手にとっての旧情報（addressee-old information）」とは，当該の談話では言及されていないが，聞き手がすでに

　　(ii) a. *Who deserves the credit is Jill.
　　　　b.　Jill deserves the credit.（その手柄はジルのものだ）
「擬似」という呼び名は，このような事実からきている．しかし，情報パッケージという観点からみれば，対応する基本形の有無にかかわらず，it 分裂文も擬似分裂文も共通している．どちらも，メッセージを前提部分と前提内の変項を埋める部分に分割する構文なのである．

168 第 II 部 統語論概観

知っていると考えられる情報である．一方，旧情報ではない情報は「**新情報 (new information)**」である（訳者注[2] 参照）．

　つぎに，「重さ（weight）」とは，構成素の長さや複雑度にかかわる概念である．たとえば，the book は，the book she was reading よりは軽いが，it よりは重い．後置（postposing）は，一般的に，構成素の相対的な重さによって起こる．よって，(1ii) の He gave to charity all the money she had left him. の場合，all the money she had left him をたとえば ten dollars に置き換えたならば，He gave ten dollars to charity.（彼は慈善事業に 10 ドル寄付した）のように，目的語が動詞の直後にくる普通の語順のほうが好まれることになる（訳者注[3] 参照）．

---

[2] 訳者注：情報には談話にとっての新旧（discourse-new / old）と聞き手にとっての新旧（addressee-new / old）という区別がある．まず，つぎの例をみてみよう．
　(i)　Two letters have arrived for Jill; she'll be calling round to pick them up.
　　　（手紙が 2 通ジル宛に届いた．こちらに立ち寄って受け取っていくだろう）
(i) の第 1 文で「2 通の手紙」という情報が談話に導入されている．この情報は discourse-new である．一方，第 2 文では，手紙という情報は先行文で与えられているので discourse-old である．これは，代名詞が使用されていることからもわかる．同じように，(i) の第 1 文の Jill は，(i) ではじめて言及されたのであれば discourse-new である．一方，第 2 文で Jill を指す she は discourse-old である．
　discourse-new の情報であっても聞き手にとっては古い addressee-old の情報であることがある．たとえば，つぎの文が米国で発話されたとしよう．
　(ii)　The President is giving the State of the Union address later tonight.
　　　（今夜，大統領が一般教書演説を行う予定だ）
話し手は，この文の the President が誰を指すのか，米国市民である聞き手なら常識として知っているはずだという前提のもとで発話している．この場合，the President は discourse-new であるが addressee-old の情報ということになる．
[3] 訳者注：情報パッケージ構造が使えるかどうかは，情報の新旧や構成素の「重さ」といった語用論的制約に左右される．これについて，本シリーズ第 9 巻であげられている例をみてみよう．まず，前置（preposing）の構文は，以下の (ia) では問題なく使えるが，(ib) では「語用論的に不適切（infelicitous）」とされる（このことを ＃ という記号で表す）．
　(i)　前置
　　a.　A:　Do you have any muffins?
　　　　　（マフィンありますか）
　　　B:　[A bran muffin I can give you.]
　　　　　（ブランマフィンならあります）

第 16 章　情報パッケージ　　　169

b.　I was in the library last night and [#an interesting guy I met].
　　（昨夜図書館にいったけど #おもしろい男なら会った）

補部を前置するには，それが談話にとっての旧情報でなければならない．(ia) の場合，(A)
の文で「手に入るマフィン」という情報が導入され，(B) の a bran muffin はその種類を具
体的に指定している．よって，前置を使うことができる．他方，(ib) の第 1 文は，「私が図
書館で会った人」という概念を喚起することはない．この談話にとって第 2 文の an
interesting guy は新情報であるので，使えるのは I met an interesting guy. という基本形だ
けである．

　つぎに，後置 (postposing) は，(iia) では使えるが (iib) では難しい．

(ii)　後置

a.　You'll find on your desk the company's latest financial statement.
　　（会社の最新の財務諸表が，あなたの机の上に置いてあります）

b.　?You'll find in the top drawer of the tall black filing cabinet alongside the
　　window the company's latest financial statement.
　　（会社の最新の財務諸表が，窓際にある背の高い黒いファイル棚の一番上の引
　　き出しの中に入れてあります）

これら 2 つの例で，同じ名詞句が後置されていることに注目したい．後置の可能性を決め
るのは，構成素の間の相対的な重さ関係である．(iia) では the company's latest financial
statement という名詞句のほうが，それが飛び越す前置詞句 (on your desk) より重いため，
後置は許される．他方，(iib) では，the company's latest financial statement より，それ
が飛び越す前置詞句 (in the top drawer of ... the window) のほうが重いため，後置の容
認性は非常に低くなる．(iib) については後置のない基本形を使わなければならない．

　最後に，(iiia) と (iiib) の長い受動文 (long passive) を比較してみよう．

(iii)　長い受動

a.　The mayor's term of office expires next month. [She will be succeeded by
　　George Hendricks.]
　　（市長は来月任期満了となる．彼女の後任はジョージ・ヘンドリクスである）

b.　George Hendricks will take office next month. [#The current mayor, Angela
　　Cooke, will be succeeded by him.]
　　（来月，ジョージ・ヘンドリクスが市長に就任する．#現市長のアンジェラ・
　　クックの後任は彼である）

長い受動文の使用には，「主語の情報は，by 句で表される情報より新しいものであっては
ならない」という語用論的制約が課される．(iiia) の例は，この制約を満たしている．他方，
(iiib) では，主語が談話にとっての新情報，by 句が談話にとっての旧情報を表している．
よって不適格と判断される．使うべきは，He will succeed the current mayor, Angela
Cooke. という基本形である．

第 17 章　直示と照応

本シリーズ第 9 巻で「直示 (deixis)」と「照応 (anaphora)」を扱う．これらの現象は品詞区分を横断してみられるものであり，また，基本節にも非基本節にもみられるものである．

　直示表現には，now, yesterday, today, tomorrow のような時間表現，here, there のような場所表現，指示詞の *this*, *that*，人称代名詞の *I*, *we*, *you*，そして一次的時制（動詞屈折で標示される時制のことで第 3 章参照）などがある．これらに共通するのは，指示の決定に発話行為の諸特性がかかわってくる点である．具体的にいうと，発話行為がいつどこで行われるか，誰が誰に話しているか，対象物が話し手とどのくらい近接しているか，などが重要になってくる．

　照応とは，「**照応形 (anaphor)**」とその「**先行詞 (antecedent)**」の関係をいう．たとえば Jill has left her car in the road.（ジルは自分の車を道に残してきた）という文で，ジルの車が指示される読みのとき，先行詞の Jill と照応形の her の間に照応の関係が成立している．照応形の解釈は先行詞の解釈によって決まるのである．本シリーズでは，照応の関係は，Jill$_i$ has left her$_i$ car in the road. のように，先行詞と照応形に同一の指標を付与することによって表示する．この例の照応形は人称代名詞であるが，代名詞と

170

第 17 章　直示と照応　　　171

so, do so, one のような照応形をまとめて**代用形 (pro-forms)** とよぶ.
Grapes are expensive$_i$ and likely to remain so$_i$ for some time. (葡萄は高値と
なっていて, しばらくその状態が続くだろう), I haven't told them$_i$ yet, but I'll
do so$_i$ tomorrow. (まだ彼らには伝えていませんが, 明日にはそうするつもりです),
This banana$_i$ is green: have you got a riper one$_i$? (このバナナは青いので,
もっと熟したのはありますか) のように, so, do so, one も照応形として使わ
れる. また, 空所 (gap) も照応形となる. たとえば, I'd like to help you$_i$
but I can't ___ $_i$. (お手伝いしたいのですが, できません) における省略の空所が
照応形である.

　一般的に, 照応形は先行詞に後続するが, 限られた条件のもとでは, 照応
形が先行詞に先行することもある. たとえば, If you can ___ $_i$, please come
a little earlier next week$_i$. (可能でしたら, 来週はもう少し早くいらしてください
ますか) では, 照応形 (___ $_i$) が, 先行詞 (come a little earlier next week$_i$)
に先行している.

文献情報：もっと知りたい人のために

英文法に関する膨大な文献をカバーする解説書，これをつくるのは私たちにとってほとんど不可能といってもいいくらいの試みである．また，もしできたとしても，かなりの大著になってしまうであろう．本シリーズを準備するにあたって，参照したすべての著作に解説をつけようとするならば，それはそれでページ数を超過してしまうことになるだろう．しかし，本シリーズを執筆するにあたって参考にし，大いに影響を受けた文献が実際にあるわけであり，読者の皆さんがさらに研究を進めるためにどういった文献に目を向ければよいかをここで説明しておくことは，著者としての務めであると考える．とはいうものの，やはりここでの注釈も，また以下にあげる文献も，けっして代表的なサンプルとはいえないし，さらに，本シリーズではここにあげている以外にもたくさんの本や論文にあたり，それらからも有益な情報を得ていることを強調しておきたい．もう1つ明記しておきたいことがある．それは，以下の文献リストにあげられているからといって，私たちがその参考文献の立場を採用しているわけでもなければ，そこでいわれていることが正しいと考えているわけでもないということである．巻によっては，そこで示されている分析を直接使うためではなく，その分析がどう改良できるかを読者の皆さんに考えてもらうために言及した場合もある．そういった場合も，ほかの著者の分析に従って忠実に説明を行っている場合と同じように，本シリーズへの貢献として，適切に評価されるべきことは当然である．（もちろん，本シリーズに間違いや欠点があるとすれば，それは私たち著者のみに帰せられるべきものであることはいうまでもない．）

■英語

英語とその使用に関し，世界中の何千という書物のなかで英語の主要な地域

174

差について概説しているものとして Trudgill and Hannah（1985）がある．また，英語がいかにして現在の国際語としての地位を獲得したかについては Crystal（1997）の解説がある．

■辞書

英語に関する辞書類のなかでもっとも重要なものは *Oxford English Dictionary*（*OED*）第 2 版である．これは言語を問わず，これまでに編纂された辞書のなかでもっとも優れ，もっとも完成されたものといえる．アメリカ英語の辞書で，とくに「問題のある語法」にもしかるべき注意を払ったものとして *American Heritage Dictionary*（第 4 版，2000）がある．オーストラリア英語の標準的辞書で本シリーズでも利用したものとしては *Macquarie Dictionary of Australian English* がある．上記以外にも，実際のコーパスからの優れた用例集で，本シリーズを編纂するにあたって助けとなった辞書に Paul Procter（1995）編の *Cambridge International Dictionary of English* と John Sinclair（1987）編の *Collins COBUILD English Language Dictionary* の 2 冊がある．

■用語集

非常に有益な言語学用語集で，本シリーズで頻繁に活用したものとして，Peter Matthews の *Concise Oxford Dictionary of Linguistics*（Matthews（1997））と Larry Trask の *Dictionary of Grammatical Terms in Linguistics*（Trask（1993））の 2 冊がある．

■文法書

20 世紀前半のもっとも完成された英文法書の 1 つとして Otto Jesperson による 7 巻本（1909-1949）があげられる．真摯な英文法学者であれば，誰もが定期的に紐解く著作であろう．それより幾分前に書かれた同類の著作として Poutsma（1926-1929）がある．20 世紀後半に出版され，もっとも充実

文献情報：もっと知りたい人のために 175

し，もっとも影響力のある文法書としては Quirk et al. (1985) があげられる．同書は，The Survey of English Usage at University College London の調査をもとに，1970 年代初め以来出版されてきた文法書の集大成である．Biber et al. (1999) のコーパスに基づく文法書は基本的に同じ分析手法を用いている．しかし，話しことばと書きことばの文体やレジスターの違いによる異なった構文とそれらの出現頻度を定量的に細かく見ることに，通常の文法書には見られないほどの紙面を割いている．*Collins COBUILD English Grammar* には，さまざまな文法特性を共有する多くの単語リストが掲載されており，非常に有益な文法書である．また，Renaat Declerck の *A Comprehensive Descriptive Grammar of English* (1991a) も本シリーズを編纂するにあたり参考にした文献の 1 つである．変形生成文法学者による英語統語論の包括的な著作は比較的少ないが，そうしたなかでも，Stockwell, Schacter and Partee (1973) はかなり広い射程をもった生成文法初期の共同研究であり，McCawley (1998) は，それ以降に出版された最良にしてもっとも詳しい変形文法に基づく著作となっている．

■ 語法マニュアル

権威主義的な語法マニュアルの古典的なもので，第 0 巻で批判的に論じたものに Phythian (1979) がある．権威主義的でない，経験的データに基づく現代の著作の好例としては *Merriam-Webster's Dictionary of Contemporary English* があり，本シリーズ執筆にあたっても有益な例文を提供してくれた．*American Heritage Dictionary* (2000) の用例解説もまた有益である．本シリーズが参照したそのほかの語法マニュアルとしては，Fowler の古典 *Modern English Usage* の第 3 版となる Burchfield (1996) や Reader's Digest から出版されている *The Right Word at the Right Time* (1985) がある．

■ 歴史

第 0 巻でも強調したように，本シリーズは英語の歴史的な説明を目指すも

のではない．他方，Jespersen（1909-1949）は明らかに歴史的アプローチを
とっており，今なお高い価値のある著作である．*OED* も英文法史にかかわ
る巨大な資料集である．英語統語論の歴史に関する研究としては Visser の
4 巻本（1963-1973）がきわめて重要である．また，*The Cambridge History
of the English Language*（6 巻本：Hogg（1992-2002））は，英語の歴史に
関する綿密な調査書であり，おそらく現在入手できるものとしてはもっとも
完成されたものである．

■ 発音と綴り

本シリーズでは，英語の音声および音韻は扱っていない．ただし，屈折形態
にかかわる資料で必要となる音声表記法については，第 10 巻で紹介してい
る．英語の発音についてさらに知りたい人は Wells（1990）を読むことをお
薦めする．これは，イギリス英語とアメリカ英語の両方の標準語をカバーす
る，現在もっとも信頼のおける発音辞典である．音声学の専門知識がない人
には，Pullum and Ladusaw（1996）が発音記号とその使い方を知る参考図
書として使いやすいであろう．Mountford（1998）は，近年発行された英語
の綴りに関する重要な著作であり，第 10 巻で使っている書記記号について
重要な概念を紹介している．

■ 動詞

英語の動詞体系についてこれまで多くの研究がなされてきた．第 1 巻の内容
に影響を与えたもっとも重要な著作として Palmer（1987）と Leech（1987）
があげられる．時制一般に関する概説書としては Comrie（1985）が，英語
の時制にかかわる重要な研究としては Binnick（1991），Declerck（1991b），
McCoard（1978）などがある．また，本シリーズで採用している分析と同じ
立場に立つ Huddleston（1995a, 1995b）の論文も参照．アスペクトについ
ては，Comrie（1976）および Tobin（1993）を参照．モーダル動詞および
モダリティ一般については，Coates（1983）と Palmer（1990, 2001），さら

に Duffley (1994) の *need* と *dare* の特徴を扱った議論を参照．英語の仮定法と関連する研究については Jacobsson (1975) の研究がある．

■節構造と補部

本シリーズ第2巻では節構造と補部について扱ったが，そこで参考にした多くの文献のなかでも，とくに，初期の重要な研究としては Halliday (1967–1968) を，便利な概説書としては Matthews (1981) と Dixon (1991) を，そして補文特性についての非常に有用な語彙集としては Levin (1993) をあげておきたい．主題役割に関しては，Wilkins (1988) と Dowty (1991) にある論文で詳しく論じられている．主題役割について概観した文献としては Palmer (1994) を参照．非標準的な構文の主語に関しては Seppänen, Granath and Herriman (1995) が，目的語と述語的補部の区別については Seppänen and Herriman (1997) が有用である．連結節に関しては Declerck (1988) に詳しい説明があり，非常に重要な文献となっている．そのほか，本シリーズでとくに参考にした著作としては，Wierzbicka (1982) の軽動詞に関するものがある．前置詞をともなう動詞についてはさまざまな先行研究があるが，ここではそのなかでもとりわけ，Bolinger (1971)，Cattell (1984)，Cowie and Mackin (1993) を参考にした．

■名詞

名詞の数と可算性に関する研究として，Reid (1991)，Wickens (1992)，Allan (1980) などの研究があげられる．性に関して広範に扱った対照言語学的研究としては Corbett (1991) がある．Bauer (1998) は，複合名詞と「修飾語＋主要部名詞」構文の関係について，本シリーズとは異なる見方を提示している．

■限定詞と限定要素

本シリーズでは，限定詞を名詞句構造における主要部としてではなく，ある

種の依存要素つまり限定要素として扱っている．これに関して理論的な議論を行っているものとして，Payne（1993）がある．定・不定限定詞の用法については John Hawkins（1991）の研究がある．属格（「所有格」）限定要素については，Roger Hawkins（1981）と Alexiadou and Wilder（1998）に有益な言語資料が収められている．一般的に数量詞（all や some など）として知られている限定詞は，意味論および論理学の分野で極めて重要なテーマとなっており，現代意味論の代表的な研究としては（そうした研究は一般的にとても難解で専門性を要する研究ではあるが），Barwise and Cooper（1981），Keenan and Stavi（1986），Bach, Jelinek, Kratzer and Partee（1995）などがあげられる．

■名詞句

名詞句（NP）構造に関する一般的な研究としては，変形生成文法の枠組みだと，Jackendoff（1977）と Selkirk（1977）がある．部分詞構文については，Hoeksema（1996）編の論文集で広範に論じられている．NP の定性・不定性については，Reuland and ter Meulen（1987）および Christopher Lyons（1999）で詳しく論じられている．意味的に確定記述としての機能をもつ NP については，これまで言語学者だけでなく哲学者によっても精力的に研究が行われてきた．このテーマに関する論集としては Ostertag（1998）がある．Carlson and Pelletier（1995）には総称名詞句に関する論文がいくつかまとめられている．名詞化については，Lees（1960）および Koptevskaya-Tamm（1993）の研究を，同格については Acuña-Fariña（1999）の研究を参照．

■形容詞と副詞

限定用法の形容詞の位置とその複雑な意味的対応関係に関しては，その重要な文献として Ferris（1993）がある．また，形容詞句および副詞句の内部構造を扱った生成文法の研究に Jackendoff（1977）がある．また，Dixon

文献情報：もっと知りたい人のために 179

（1982）では，英語よりも形容詞の数が圧倒的に少ない言語が存在するのは
なぜかという興味深い問題が論じられている．

■前置詞と前置詞句

本シリーズの前置詞に関する記述および前置詞と副詞との区別に関しては，
とくに強く影響を受けた変形生成文法に基づく重要文献として，Emonds
（1972）と Jackendoff（1973）の 2 つをあげることができる．また前置詞と
副詞の違いに関する論考としては，Burton-Roberts（1991）や Lee（1998）
なども参照．教育的観点から英語の前置詞の多様な意味と用法を記述した著
作としては Hill（1968）が有益である．in front of のような複合前置詞に関
する本シリーズの説明に関しては，Seppänen, Bowen and Trotta（1994）か
らいろいろ影響を受けている．前置詞の意味に関する学際的な研究に関して
は Herskovits（1986）を参照．

■付加詞

第 2 巻で付加詞を扱っているが，以下でとりあげる著作以上のものに負う
ところが大きい．変形生成文法の立場で書かれた入門的なものとしては，
Jackendoff（1991）の 9 章，Jackendoff（1995）の 9 章，Baker（1995）の
11 章がある．付加詞の統語論に関するより専門的で理論的な論考としては，
Bellert（1977），Cinque（1999），（Cinque の説明に対する代案を提示して
いる）Ernst（2001）をあげることができる．特定の付加詞を扱った研究と
しては，とくに Parsons（1990）の（修飾語一般に関する）4 章と（時間的修
飾語に関する）11 章，程度修飾語を扱った Bolinger（1972），頻度修飾語を
扱った Lewis（1975），条件節を扱った Traugott（1986）や Dudman（1994）
などをあげることができる．

■否定

否定に関する古典的な変形生成文法研究としては Klima（1964）が，また

180

幅広いデータを扱った生成文法初期の研究としては Stockwell, Schachter and Partee (1973) がある．また，そのほかの変形文法による研究としては McCawley (1998: 17 章) がある．含意の方向性に関する概念および第 5 巻での極性項目の扱いについては，Ladusaw (1980) に負うところが大きい．第 5 巻の増加特定性の説明については，否定に関する多くの意味的特徴を詳述している Horn (1989) をとくに参考にした．

■ 節タイプと発話の力

発話の力に関する一般的な問題は，言語哲学分野の研究のなかでも，とくに Austin (1962) に端を発している．Cole and Morgan (1975) には，それに関連する論文が収められているが，そのなかでもとりわけ，間接発話行為に関する Searle の論考が重要である．疑問文についてはかなりの数の文献が存在するが，ここであげておきたいものとしては，極性 ('yes/no') 疑問文と選択疑問文の区別に関する Bolinger (1978)，多変数疑問文に関する Hirschbühler (1985)，不定詞疑問節に関する Duffley and Enns (1996)，従属疑問節に関する Ohlander (1986)，疑問補文をとる語彙素の意味分類に関する Karttunen (1977)，統語範疇としての疑問文と意味範疇としての疑問の区別をより精密に扱っている Huddleston (1994) がある．また，命令文については，Bolinger (1977: 8-9 章) と Davies (1986) を，感嘆文については Elliott (1974) を参照．

■ 関係詞節の構造

変形文法の枠組みで関係詞節を扱った，包括的かつ重要な研究に McCawley (1981) がある．また，変形を用いない理論的な分析に Sag (1997) がある．Bresnan and Grimshaw (1978) は，融合関係詞（彼らの用語では「自由関係詞」）を扱っている．不定詞目的節と不定詞関係詞節の関係については Green (1992)を参照．関係詞 that の範疇の問題については Auwera (1985) を，（本シリーズの用語でいうところの）統合関係詞節および補足関係詞節

の違いについては Jacobsson（1994）を参照.

■非局所的依存関係
変形生成文法初期の文献で，非局所的依存構文に課せられる制約を扱っていて重要なものに，1967 年の自身の博士論文に基づく Ross（1986）がある．変形文法理論の立場から非局所的依存を扱った文献は数多く存在するが，ここではそうした先行研究を振り返ることはしていない．第 7 巻では変形を用いない分析がとられているが，同じ路線のものが Gazdar（1981）や Gazdar et al.（1985）でも提案ならびに展開されている．

■比較構造
比較構文（第 7 巻）を説明するにあたって本シリーズが参照した文献として，変形生成文法研究の重要な 1 つである Bresnan（1973）および機能主義的な概念を記述に取り入れた Kuno（1981）がある．意味論的な視点を含む研究としては，Allan（1986）および Mitchell（1990）があげられる．

■非定形節
不定詞構文の研究では Mair（1990）と Duffley（1992）が重要である．第 1巻で紹介した連鎖動詞構文の分析は Palmer（1987: 9 章）に多くを負っている．本シリーズで複合連鎖動詞構文とよんでいるものを包括的に扱った研究としては Postal（1974）を，知覚動詞の連鎖動詞補文をとくに扱った研究としては Akmajian（1977）を参照．動詞およびその補文の主部動詞の屈折に課せられる統語的制約に関しては Pullum and Zwicky（1998）を参照．コントロールの研究としては，それがいかに意味的な現象であるかを示した Sag and Pollard（1991）が有益である．

■等位接続と補足
等位接続全般に関する有益な研究としては Oirsouw（1987）が，言語間の

比較対照研究としては Payne（1985）がある．Gazdar et al.（1985: 8章）
では，第8巻で紹介したものと同じくらい詳しい（かつかなり専門的な）記
述がなされている．等位接続の一般的な特徴をいくつか紹介した文献に
Ross（1986）がある．等位接続要素間に求められる近似性の問題については
Schachter（1977）が，また統語的に異なる範疇間の等位接続については Sag
et al.（1985）を参照．本シリーズで「補足」とよぶ現象については Peterson
（1998）を参照．

■ 情報のまとめ方

第9巻で扱った情報パッケージ構文（補文前置，後置，主語・依存詞倒置，
右方転移，存在・提示節，長距離受動文）に課せられる語用論的制約につい
ては Birner and Ward（1998）で詳しく論じられており，本シリーズの説明
の基盤となっている．談話的新情報・旧情報の区別と聞き手の新情報・旧情
報の区別に関する議論は Prince（1992）をもとにしている．また，存在文
の転移主語に適用される聞き手の新情報条件に関する本シリーズの説明は，
Prince（1992）を修正したものとなっている．存在文に関する初期の重要な
研究については Erdmann（1976）と Lumsden（1988）を参照．本シリーズ
の命題肯定に関する議論は Horn（1991）によるところが大きい．左方転移
に関する議論は Prince（1997）に負っている．受動文に関しては Tomlin
（1986）が有益である．分裂文の機能に関しては Prince（1978）および Delin
（1995）に重要な考え方が示されている．また，Collins（1991）にはこれらの
構文に関する有益なデータが含まれている．英語のトピックとフォーカスの
区別に関する総合的な情報源としては Lambrecht（1994）がお勧めである．

■ 直示と照応

直示と照応を扱った理論的な研究で重要なものに John Lyons（1977: 11章）
がある．直示については，ほかに，Anderson and Keenan（1985），Jarvella
and Klein（1982），Fillmore（1997）も参照．照応を変形文法の枠組みで説

明したものとしては McCawley（1998: 11 章）が有益であり，照応表現の分類を扱った研究としては Hankamer and Sag（1976）が重要である．英語の照応構文について詳細かつ包括的な記述をしているものに Halliday and Hasan（1976）が，代名詞をとくに取り上げたものに Wales（1996）がある．第 9 巻の再帰代名詞の取り扱いについては，Pollard and Sag（1992），Reinhart and Reuland（1993），Zribi-Hertz（1989）に多くを負っている．強調的再帰代名詞の使用範囲を詳細に扱ったものに Edmondson & Plank（1978）がある．相互代名詞だと，Kim & Peters（1998）が近年の重要な成果としてあげられる．本シリーズの予期的照応の議論は，とくに，Carden（1982）および Mittwoch（1983）によるところが大きい．再帰代名詞と予期的照応については Van Hoek（1997）にためになる議論がある．

■屈折

屈折を論じる際，発音に注意を向ける必要がある．第 10 巻では主に，発音については，Wells（1990）を参考にした．第 10 巻で紹介したような形態論分析の入門としては Matthews（1991）が，また本シリーズのアプローチとは矛盾せず，しかもより専門的な理論にかかわる議論を行っているものとしては Anderson（1992）がある．動詞の形態（およびそのほかの特徴）は Palmer（1987）で詳しく論じられている．形容詞の比較級と最上級の屈折については Rowicka（1987）を参照．接語的助動詞の発音に課せられる統語条件を詳しく論じた理論的研究には，Selkirk（1980, 1984）や Kaisse（1985）がある．

■語彙的語形成

語彙的語形成〔第 10 巻〕との関連でとくに有益な辞書として，Barnhart et al.（1990）や Knowles（1997）がある．語形成の標準的な研究としては，Jespersen（1909–1949, part vi: Morphology, 1942），Marchand（1969），Adams（1973），Bauer（1983），Szymanek（1989）がある．変形生成文法

184

の枠組みでの研究としては，Lees（1960），Aronoff（1976），Plag（1999）
がある．複合語については Ryder（1994）を，その生産性に関するコーパス
研究については Baayen and Renouf（1996）を参照．

■ 句読法
英語の句読法（第 8 巻）を包括的に扱っているものとして *Chicago Manual
of Style* の 5 章をあげることができる．また，よく参考にされるものとして
Partridge（1953）がある．句読法だけを扱った便利な本としては，Sumney
（1949）と Meyer（1987）がある．後者には句読法のパターンに関する豊富な
統計的な情報が含まれている．句読点の規則についてより理論的な議論を
行っているものに Nunberg（1990）がある．句読法の歴史については Parkes
（1992）を参照．

参 考 文 献

以下の文献リストは，本シリーズ『英文法大事典（全 11 巻）』（原著 *The Cambridge Grammar of the English Language*）で触れているものに限定されている．よく知られている辞書やそのほかの主だった参考書籍は，編者名ではなく書名で示してある．出版都市名は出版社の名称から直接わからない場合に限って記してある．アメリカおよびオーストラリアで出版された著作については，はっきりしない場合に限り，郵便で使う州名の略語を付け加えてある．

Acuña-Fariña, J. C. (1999) "On Apposition," *English Language and Linguistics* 3, 59–81.

Adams, Valerie (1973) *An Introduction to Modern English Word-Formation*, Longman, London.

Akmajian, Adrian (1977) "The Complement Structure of Perception Verbs in an Autonomous Syntax Framework," *Formal Syntax*, ed. by Peter W. Culicover, Thomas Wasow and Adrian Akmajian, 427–460, Academic Press, Orlando, FL.

Alexiadou, Artemis and Chris Wilder, eds. (1998), *Possessors, Predicates and Movement in the Determiner Phrase*, Linguistik Aktuell, 22, John Benjamins, Amsterdam.

Allan, Keith (1980) "Nouns and Countability," *Language* 56, 541–567.

Allan, Keith (1986) "Interpreting English Comparatives," *Journal of Semantics* 5, 1–50.

American Heritage Dictionary of the English Language (2000), 4th ed., Houghton Mifflin, Boston, MA.

Anderson, Stephen R. (1992) *A-Morphous Morphology*, Cambridge University Press, Cambridge.

Anderson, Stephen R. and Edward L. Keenan (1985) "Deixis," *Language Typology and Syntactic Description*, Vol. iii, ed. by Timothy Shopen, 259–309, Cambridge University Press, Cambridge.

Aronoff, Mark (1976) *Word Formation in Generative Grammar*, MIT Press, Cambridge, MA.

Austin, J. L. (1962) *How to Do Things with Words*, Clarendon Press, Oxford.

Auwera, Johan van der (1985) "Relative *That*—a Centennial Dispute," *Journal of*

185

Linguistics 21, 149–179.

Baayen, H. and A. Renouf (1996) "Chronicling the *Times*: Productive Lexical Innovations in an English Newspaper," *Language* 72, 69–96.

Bach, Emmon, Eloise Jelinek, Angelika Kratzer and Barbara Partee, eds. (1995) *Quantification in Natural Languages*, Kluwer, Dordrecht.

Baker, C. L. (1995) *English Syntax*, 2nd ed., MIT Press, Cambridge, MA.

Barnhart, R. K., C. Steinmetz and C. L. Barnhart (1990) *Third Barnhart Dictionary of New English*, H. W. Wilson, New York.

Barwise, Jon and Robin Cooper (1981) "Generalized Quantifiers and Natural Language," *Linguistics and Philosophy* 4, 159–219.

Bauer, Laurie (1983) *English Word-formation*, Cambridge University Press, Cambridge.

Bauer, Laurie (1998) "When Is a Sequence of Two Nouns a Compound in English?" *English Language and Linguistics* 2, 65–86.

Bellert, Irena (1977) "On Semantic and Distributional Properties of Sentential Adverbs," *Linguistic Inquiry* 8, 337–351.

Biber, Douglas, Stig Johansson, Geoffrey Leech, Susan Conrad and Edward Finegan (1999) *Longman Grammar of Spoken and Written English*, Longman, Harlow.

Binnick, Robert I. (1991) *Time and the Verb*, Oxford University Press, Oxford.

Birner, Betty and Gregory Ward (1998) *Information Status and Noncanonical Word Order in English*, John Benjamins, Amsterdam.

Bolinger, Dwight (1971) *The Phrasal Verb in English*, Harvard University Press, Cambridge, MA.

Bolinger, Dwight (1972) *Degree Words*, Mouton, The Hague.

Bolinger, Dwight (1977) *Meaning and Form*, Longman, London.

Bolinger, Dwight (1978) "Yes-No Questions Are Not Alternative Questions," *Questions*, ed. by Henry Hiˑz, 87–105, Reidel, Dordrecht.

Bresnan, Joan (1973) "Syntax of the Comparative Clause Construction in English," *Linguistic Inquiry* 4, 275–343.

Bresnan, Joan and Jane Grimshaw (1978) "The Syntax of Free Relatives in English," *Linguistic Inquiry* 9, 331–391.

Burchfield, R. W. (1996) *The New Fowler's Modern English Usage*, 3rd ed., Clarendon Press, Oxford.

Burton-Roberts, Noel (1991), "Prepositions, Adverbs and Adverbials," *Language Usage and Description*, ed. by Ingrid Tieken-Boon van Ostade and J. Frankis, 159–172, Rodopi, Amsterdam.

Cambridge International Dictionary of English (1995), ed.-in-chief Paul Procter, Cambridge University Press.

Carden, Guy (1982) "Backwards Anaphora in Discourse Context," *Journal of Linguistics* 18, 361–387.

Carlson, Gregory N. and Francis J. Pelletier, eds. (1995) *The Generic Book*, University of Chicago Press, Chicago.

Cattell, Ray (1984) *Syntax and Semantics 17: Composite Predicates in English*, Academic Press, Orlando, FL.

Chicago Manual of Style (1993), 14th ed., University of Chicago Press.

Cinque, Guglielmo (1999) *Adverbs and Functional Heads*, Basil Blackwell, Oxford.

Coates, Jennifer (1983) *The Semantics of the Modal Auxiliaries*, Croom Helm, London.

Cole, Peter and Jerry L. Morgan, eds. (1975) *Syntax and Semantics 3: Speech Acts*, Academic Press, New York.

Collins, Peter (1991) *Cleft and Pseudo-cleft Constructions in English*, Routledge, London.

Collins, Peter and David Lee (1998) *The Clause in English: In Honour of Rodney Huddleston*, John Benjamins, Amsterdam.

Collins COBUILD English Grammar (1990), Collins, London.

Collins COBUILD English Language Dictionary (1995), ed. John Sinclair, Harper-Collins, New York.

Comrie, Bernard (1976) *Aspect*, Cambridge University Press, Cambridge.

Comrie, Bernard (1985) *Tense*, Cambridge University Press, Cambridge.

Corbett, Greville G. (1991) *Gender*, Cambridge University Press, Cambridge.

Cowie, A. P. and R. Mackin (1993), *Oxford Dictionary of Phrasal Verbs*, Oxford University Press, Oxford.

Crystal, David (1997) *English as a Global Language*, Cambridge University Press, Cambridge.

Culicover, Peter W., Thomas Wasow and Adrian Akmajian, eds. (1977) *Formal Syntax*, Academic Press, Orlando, FL.

Davies, Eirlys E. (1986) *The English Imperative*, Croom Helm, London.

Declerck, Renaat (1988) *Studies on Copular Sentences, Clefts and Pseudo-Clefts*, Louvain University Press, Louvain.

Declerck, Renaat (1991a) *A Comprehensive Descriptive Grammar of English*, Kaitakusha, Tokyo.

Declerck, Renaat (1991b) *Tense in English: Its Structure and Use in Discourse*,

Routledge, London.

Delin, Judy (1995) "Presupposition and Shared Knowledge in *It*-Clefts," *Language and Cognitive Processes* 10, 97–120.

Dixon, Robert M. W. (1982) *Where Have All the Adjectives Gone?: And Other Essays in Semantics and Syntax*, Mouton de Gruyter, Berlin.

Dixon, Robert M. W. (1991) *A New Approach to English Grammar, on Semantic Principles*, Clarendon Press, Oxford.

Dowty, David (1991) "Thematic Proto-Roles and Argument Selection," *Language* 67, 547–619.

Dudman, V. H. (1994) "On Conditionals," *Journal of Philosophy* 3, 113–128.

Duffley, Patrick J. (1992) *The English Infinitive*, Longman, London.

Duffley, Patrick J. (1994) "*Need* and *Dare*: The Black Sheep of the Modal Family," *Lingua* 94, 213–243.

Duffley, Patrick J. and Peter J. Enns (1996) "*Wh*-Words and the Infinitive in English," *Lingua* 98, 221–242.

Edmondson, Jerry and Franz Plank (1978) "Great Expectations: An Intensive Self Analysis," *Linguistics and Philosophy* 2, 373–413.

Elliott, Dale (1974) "Toward a Grammar of Exclamations," *Foundations of Language* 11, 231–246.

Emonds, Joseph E. (1972) "Evidence that Indirect Object Movement Is a Structure-Preserving Rule," *Foundations of Language* 8, 546–561.

Erdmann, Peter (1976) *'There' Sentences in English*, Tudov, Munich.

Ernst, Thomas (2001) *The Syntax of Adjuncts*, Cambridge University Press, Cambridge.

Ferris, D. Connor (1993) *The Meaning of Syntax: A Study in the Adjectives of English*, Longman, Harlow.

Fillmore, Charles W. (1997) *Lectures on Deixis*, CSLI Publications, Stanford, CA.

Gazdar, Gerald (1981) "Unbounded Dependencies and Coordinate Structure," *Linguistic Inquiry* 12, 155–184.

Gazdar, Gerald, Ewan Klein, Geoffrey K. Pullum and Ivan A. Sag (1985) *Generalized Phrase Structure Grammar*, Basil Blackwell, Oxford; and Harvard University Press, Cambridge, MA.

Green, Georgia M. (1992) "Purpose Infinitives and Their Relatives," *The Joy of Grammar: A Festschrift in Honor of James D. McCawley*, ed. by Diane Brentari, Gary N. Larson and L. A. Mcleod, 95–127, John Benjamins, Amsterdam.

Halliday, M. A. K. (1967–1968) "Notes on Transitivity and Theme in English," *Journal of Linguistics* 3, 37–81 and 199–244, and 4, 179–215.

Halliday, M. A. K. and Ruqaiya Hasan (1976) *Cohesion in English*, Longman, London.

Hankamer, Jorge and Ivan A. Sag (1976) "Deep and Surface Anaphora," *Linguistic Inquiry* 7, 391–426.

Haspelmath, Martin (1999) "Explaining Article–Possessor Complementarity: Economic Motivation in Noun Phrase Syntax," *Language* 75, 227–243.

Hawkins, John (1991) "On (In)definite Articles," *Journal of Linguistics* 27, 405–442.

Hawkins, Roger (1981) "Towards an Account of the Possessive Constructions: *NP's N* and *the N of NP*," *Journal of Linguistics* 17, 247–269.

Herskovits, Annette H. (1986) *Language and Spatial Cognition: An Interdisciplinary Study of the Prepositions in English*, Cambridge University Press, Cambridge.

Hill, L. A. (1968) *Prepositions and Adverbial Particles: An Interim Classification, Semantic, Structural and Graded*, Oxford University Press, Oxford.

Hirschbühler, Paul (1985) *The Syntax and Semantics of Wh-Constructions*, Garland, New York.

Hoeksema, Jacob, ed. (1996), *Partitives: Studies on the Syntax and Semantics of the Partitive and Related Constructions*, Mouton de Gruyter, Berlin.

Hogg, Richard M., gen. ed. (1992–2002) *The Cambridge History of the English Language* (6 vols.), Cambridge University Press, Cambridge.

Horn, Laurence R. (1989) *A Natural History of Negation*, University of Chicago Press, Chicago.

Horn, Laurence R. (1991) "Given as New: When Redundant Information Isn't," *Journal of Pragmatics* 15, 305–328.

Huddleston, Rodney (1994) "The Contrast between Interrogatives and Questions," *Journal of Linguistics* 30, 411–439.

Huddleston, Rodney (1995a) "The English Perfect as a Secondary Tense," *The Verb in Contemporary English: Theory and Description*, ed. by Bas Aarts and C. F. Meyer, 102–122, Cambridge University Press, Cambridge.

Huddleston, Rodney (1995b) "The Case against a Future Tense in English," *Studies in Language* 19, 399–446.

Jackendoff, Ray (1973) "The Base Rules for Prepositional Phrases," *A Festschrift for Morris Halle*, ed. by Stephen R. Anderson and Paul Kiparsky, Holt, Rinehart and Winston, New York.

Jackendoff, Ray (1977) $\overline{X}$ *Syntax: A Study of Phrase Structure*, MIT Press, Cambridge, MA.

Jackendoff, Ray (1991) *Semantics and Cognition*, MIT Press, Cambridge, MA.

Jackendoff, Ray (1995) *Semantic Structures*, MIT Press, Cambridge, MA.

Jacobsson, Bengt (1975) "How Dead Is the English Subjunctive?" *Moderna Språk* 69, 218–231.

Jacobsson, Bengt (1994) "Non-Restrictive Relative *That*-Clauses Revisited," *Studia Neophilologica* 62, 181–195.

Jarvella, Robert J. and Wolfgang Klein, eds. (1982) *Speech, Place and Action: Studies in Deixis and Related Topics*, John Wiley, Chichester.

Jespersen, Otto (1909–1949) *A Modern English Grammar on Historical Principles* (7 vols.), Munksgaard, Copenhagen. [Republished, Carl Winter, Heidelberg; George Allen and Unwin, London.]

Kaisse, Ellen (1985) *Connected Speech: The Interaction of Syntax and Phonology*, Academic Press, New York.

Karttunen, Lauri (1977) "Syntax and Semantics of Questions," *Linguistics and Philosophy* 1, 3–44.

Keenan, Edward L. and Jonathan Stavi (1986) "A Semantic Characterization of Natural Language Determiners," *Linguistics and Philosophy* 9, 253–326.

Kim, Yookyung and P. Stanley Peters (1998) "Semantic and Pragmatic Context-Dependence: The Case of Reciprocals," *Is the Best Good Enough?*, ed. by Pila Barbosa, Danny Fox, Paul Hagstrom, Martha McGinnis and David Pesetsky, 221–247, MIT Press, Cambridge, MA.

Klima, Edward S. (1964) "Negation in English," *The Structure of Language: Readings in the Philosophy of Language*, ed. by Jerry A. Fodor and Jerrold J. Katz, 246–323, Prentice-Hall, Englewood Cliffs, NJ.

Knowles, Elizabeth (1997), with Julia Elliot, *The Oxford Dictionary of New Words*, Oxford University Press, Oxford.

Koptevskaya-Tamm, Maria (1993) *Nominalizations*, Routledge, London.

Kuno, Susumo (1981) "The Syntax of Comparative Clauses," *Papers from the 17th Regional Meeting, Chicago Linguistic Society*, ed. by Roberta A. Hendrick, Carrie S. Masek and Mary Frances Miller, 136–155, Chicago Linguistic Society.

Ladusaw, William A. (1980) *Polarity Sensitivity as Inherent Scope Relations*, Garland, New York.

Lambrecht, Knud (1994) *Information Structure and Language Form*, Cambridge University Press, Cambridge.

Lee, David (1998) "Intransitive Prepositions: Are They Viable?" *The Clause in English: In Honour of Rodney Huddleston*, ed. by Peter Collins and David Lee,

133–147, John Benjamins, Amsterdam.

Leech, Geoffrey N. (1987) *Meaning and the English Verb*, Longman, London.

Lees, Robert B. (1960) *The Grammar of English Nominalizations*, Mouton, The Hague.

Levin, Beth (1993) *English Verb Classes and Alternations*, University of Chicago Press, Chicago.

Lewis, David K. (1975) "Adverbs of Quantification," *Formal Semantics of Natural Languages*, ed. by Edward L. Keenan, 3–15, Cambridge University Press, Cambridge.

Lumsden, Michael (1988) *Existential Sentences: Their Structure and Meaning*, Croom-Helm, London.

Lyons, Christopher (1999) *Definiteness*, Cambridge University Press, Cambridge.

Lyons, John (1977) *Semantics* (2 vols.), Cambridge University Press, Cambridge.

Macquarie Dictionary (1991), 2nd ed., ed. by Arthur Delbridge et al., McMahon's Point, NSW, Macquarie Library, Australia.

Mair, Christian (1990) *Infinitival Complement Clauses in English: A Study of Syntax in Discourse*, Cambridge University Press, Cambridge.

Marchand, Hans (1969) *The Categories and Types of Present-Day English Word-Formation*, Beck, Munich.

Matthews, Peter H. (1981) *Syntax*, Cambridge University Press, Cambridge.

Matthews, Peter H. (1991) *Morphology*, 2nd ed., Cambridge University Press, Cambridge.

Matthews, Peter H. (1997) *The Concise Oxford Dictionary of Linguistics*, Oxford University Press, Oxford.

McCawley, James D. (1981) "The Syntax and Semantics of English Relative Clauses," *Lingua* 53, 99–149.

McCawley, James D. (1998) *The Syntactic Phenomena of English*, 2nd ed., University of Chicago Press, Chicago.

McCoard, Robert W. (1978) *The English Perfect: Tense-choice and Pragmatic Inferences*, North-Holland, Amsterdam.

Merriam-Webster's Dictionary of Contemporary English Usage (1994), Merriam-Webster, Springfield, MA.

Meyer, Charles F. (1987) *A Linguistic Study of American Punctuation*, Peter Lang, New York.

Mitchell, Keith (1990) "On Comparisons in a Notional Grammar," *Applied Linguistics* 11, 52–72.

Mittwoch, Anita (1983) "Backward Anaphora and Discourse Structure," *Journal of*

Pragmatics 7, 129–139.

Mountford, John D. (1998) *An Insight into English Spelling*, Hodder and Stoughton Educational, London.

Nunberg, Geoffrey (1990) *The Linguistics of Punctuation*, CSLI Publications, Stanford, CA.

Ohlander, S. (1986) "Question-Orientation versus Answer-Orientation in English Interrogative Clauses," *Linguistics across Historical and Geographical Boundaries*, Vol. ii: *Descriptive, Contrastive and Applied Linguistics*, ed. by D. Kastovsky and A. Szwedek, 963–982, Mouton de Gruyter, Berlin.

Oirsouw, Robert R. van (1987) *The Syntax of Coordination*, Croom Helm, London.

Ostertag, Gary, ed. (1998) *Definite Descriptions: A Reader*, MIT Press, Cambridge, MA.

Oxford English Dictionary (1989), 2nd ed. (20 vols.), prepared by J. A. Simpson & E. S. C. Weiner, Oxford University Press, Oxford.

Palmer, F. R. (1987) *The English Verb*, 2nd ed., Longman, London.

Palmer, F. R. (1990) *Modality and the English Modals*, Longman, London.

Palmer, F. R. (1994) *Grammatical Roles and Relations*, Cambridge University Press, Cambridge.

Palmer, F. R. (2001) *Mood and Modality*, 2nd ed., Cambridge University Press, Cambridge.

Parkes, Malcolm (1992) *Pause and Effect: An Introduction to the History of Punctuation in the West*, Scolar Press, Aldershot.

Parsons, Terence (1990) *Events in the Semantics of English*, MIT Press, Cambridge, MA.

Partridge, Eric (1953) *You Have a Point There*, Routledge and Kegan Paul, London.

Payne, John (1993) "The Headedness of Noun Phrases: Slaying the Nominal Hydra," *Heads in Grammatical Theory*, ed. by Greville G. Corbett, Norman M. Fraser and Scott McGlashan, 114–139, Cambridge University Press, Cambridge.

Payne, John (1985) "Complex Phrases and Complex Sentences," *Language Typology and Syntactic Description*, Vol. ii, ed. by Timothy Shopen, 3–41, Cambridge University Press, Cambridge.

Peterson, Peter (1998) "On the Boundaries of Syntax: Non-Syntagmatic Relations," in Collins and Lee (1998), 229–250.

Phythian, B. A. (1979) *A Concise Dictionary of Correct English*, Teach Yourself Books, London; Littlefield, Adams, Totowa, NJ.

Plag, I. (1999) *Morphological Productivity: Structural Constraints in English Derivation*, Mouton de Gruyter, Berlin.

Pollard, Carl and Ivan A. Sag (1992) "Anaphors in English and the Scope of Binding Theory," *Linguistic Inquiry* 23, 261–303.

Postal, Paul M. (1974) *On Raising*, MIT Press, Cambridge, MA.

Poutsma, Hendrik (1926–1929) *A Grammar of Late Modern English*, Noordhoof, Groningen.

Prince, Ellen F. (1978) "A Comparison of *Wh*-Clefts and *It*-Clefts in Discourse," *Language* 54, 883–906.

Prince, Ellen F. (1992) "The ZPG Letter: Subjects, Definites and Information-Status," *Discourse Descriptions: Diverse Analyses of a Fundraising Text*, ed. by William C. Mann and Sandra A. Thompson, 295–325, John Benjamins, Amsterdam.

Prince, Ellen F. (1997) "On the Functions of Left-Dislocation in English Discourse," *Directions in Functional Linguistics*, ed. by Akio Kamio, 117–143, John Benjamins, Amsterdam.

Pullum, Geoffrey K. and William A. Ladusaw (1996) *Phonetic Symbol Guide*, 2nd ed., University of Chicago Press, Chicago.

Pullum, Geoffrey K. and Arnold Zwicky (1998) "Gerund Participles and Head-Complement Inflection Conditions," *The Clause in English: In Honour of Rodney Huddleston*, ed. by Peter Collins and David Lee, 251–271, John Benjamins, Amsterdam.

Quirk, Randolph, Sidney Greenbaum, Geoffrey Leech and Jan Svartvik (1985) *A Comprehensive Grammar of the English Language*, Longman, London.

Reader's Digest (1985) *The Right Word at the Right Time: A Guide to the English Language and How to Use it*, Reader's Digest, London.

Reid, Wallis (1991) *Verb and Noun Number in English: A Functional Explanation*, Longman, London.

Reinhart, Tanya and Eric Reuland (1993) "Reflexivity," *Linguistic Inquiry* 24, 657–720.

Reuland, Eric and Alice ter Meulen, eds. (1987) *The Representation of (In)definiteness*, MIT Press, Cambridge, MA.

Ross, John R. (1986) *Infinite Syntax!*, Erlbaum, Hillsdale, NJ.

Rowicka, G. (1987) "Synthetical Comparison of English Adjectives," *Studia Anglica Posnaniensa* 20, 129–149.

Ryder, M. E. (1994) *Ordered Chaos: The Interpretation of English Noun-Noun Compounds*, University of California Press, Berkeley.

Sag, Ivan A. (1997) "English Relative Clause Constructions," *Journal of Linguistics* 33, 431–483.

Sag, Ivan A., Gerald Gazdar, Thomas Wasow and Steven Weisler (1985) "Coordination and How to Distinguish Categories," *Natural Language and Linguistic Theory* 3, 117–171.

Sag, Ivan A. and Carl Pollard (1991) "An Integrated Theory of Complement Control," *Language* 67, 63–113.

Schachter, Paul (1977) "Constraints on Coordination," *Language* 53, 86–103.

Searle, John R. (1975) "Indirect Speech Acts," in Cole and Morgan (1998), 59–82.

Selkirk, Elisabeth O. (1977) "Some Remarks on Noun Phrase Structure," in Culicover, Wasow and Akmajian (1977), 285–316.

Selkirk, Elisabeth O. (1980) *The Phrase Phonology of English and French*, Garland, New York.

Selkirk, Elisabeth O. (1984) *Phonology and Syntax: The Relation between Sound and Structure*, MIT Press, Cambridge, MA.

Seppänen, Aimo, Rhonwen Bowen and Joe Trotta (1994) "On the So-Called Complex Prepositions," *Studia Anglica Posnaniensia* 29, 3–29.

Seppänen, Aimo, Solveig Granath and Jennifer Herriman (1995) "On So-Called "Formal" Subjects / Objects and "Real" Subjects / Objects," *Studia Neophilologica* 67, 11–19.

Seppänen, Aimo and J. Herriman (1997) "The Object / Predicative Contrast and the Analysis of "She Made Him a Good Wife"," *Neuphilologische Mitteilungen* 98, 135–146.

Stockwell, Robert P., Paul Schachter and Barbara Hall Partee (1973) *The Major Syntactic Structures of English*, Holt, Rinehart and Winston, New York.

Sumney, G. (1949) *Modern Punctuation*, Ronald Press, New York.

Szymanek, B. (1989) *Introduction to Morphological Analysis*, Panstwowe Wydawnictwo Naukowe, Warsaw.

Tobin, Yishai (1993) *Aspect in the English Verb*, Longman, London.

Tomlin, Russell S. (1986) *Basic Word Order: Functional Principles*, Croom Helm, London.

Trask, R. L. (1993) *A Dictionary of Grammatical Terms in Linguistics*, Routledge, London.

Traugott, Elizabeth C., ed. (1986) *On Conditionals*, Cambridge University Press, Cambridge.

Trudgill, Peter and Jean Hannah (1985) *International English: A Guide to Varieties of Standard English*, 2nd ed., Edward Arnold, London.

Van Hoek, Karen (1997) *Anaphora and Conceptual Structure*, University of Chicago Press, Chicago.

Visser, F. T. (1963–1973) *An Historical Syntax of the English Language* (4 vols.), E. J. Brill, Leiden.

Wales, Katie (1996) *Personal Pronouns in Present-day English*, Cambridge University Press, Cambridge.

Wells, John C. (1990) *Longman Pronunciation Dictionary*, Longman, London.

Wickens, Mark A. (1992) *Grammatical Number in English Nouns: An Empirical and Theoretical Account*, John Benjamins, Amsterdam.

Wierzbicka, Anna (1982) "Why Can You *Have a Drink* When You Can't **Have an Eat?*" *Language* 58, 753–799.

Wilkins, Wendy, ed. (1988) *Syntax and Semantics 21: Thematic Relations*, Academic Press, New York.

Zribi-Hertz, Anna (1989) "Anaphor Binding and Narrative Point of View: English Reflexive Pronouns in Sentence and Discourse," *Language* 65, 695–727.

索　引

1. 日本語は五十音順に並べてある．英語（などで始まるもの）は
   アルファベット順で，最後に一括してある．
2. 〜は直前の見出し語を代用する．
3. 数字はページ数を示す．

［あ行］

アスペクト解釈　113
穴開き節　158
アメリカ英語　9
イギリス英語　9
依存要素　51
一次形式　108
一項枝分かれ　57
一項他動詞　117
一般言語レベル　68
一般的な目的　4
意味カテゴリー　113
意味役割　167
意味論　6, 73
引用話法　148
埋め込み　153
重さ　168
音韻論　6
音素　37

［か行］

回帰的　159
外置主語　166

概念的な定義　62
外部依存要素　124
外部補部　116
開放疑問節　149
開放命題　77
会話の推意　82, 86
書き言葉　26
核前位の位置　104
過去時制　62
過去分詞形　109
可算性　128
仮定法　109
可能な答え　146
関係概念　104
関係節化　102
完結　113
慣習的推意　79, 81
間接的発話行為　146, 147
間接補部　125
感嘆節　149
感嘆文　99
嵌入の /r/　31
完了　113
関連性　84
聞き手にとっての旧情報　167

聞き手にとっての新旧　168
記号　37
擬似分裂文　166
記述　3, 40
記述形容詞　48
記述的アプローチ　10
基数詞　128
規範　3
規範的アプローチ　10
基本形　98
旧情報　167
共時的　2
共時的記述　2
協調的　83
極性項目　141
拠点要素　162
緊縮　38
近代英語　5
空所　104
具現化　51
句属格　127
くだけた文体　16
屈折　58
　　　～による比較標示　155
屈折形　60
屈折形態論　57, 60
句範疇　49
繰り上げ補部　160
形態論　6, 57, 94
形容詞語基　61
顕在的（overt）な主語　158
現代英語　5
限定詞　123
限定修飾要素　130
限定要素　53, 122
語　6
語彙形態論　57

語彙項目　6
語彙素　58
語彙的意味論　6
語彙的語形成　60
語彙範疇　47
構成素　44
構成素構造　44
後置　102
コーパス　24
語幹　39
語基　60
語形成　61
個別言語的　68
個別言語レベル　68
語用論　6, 73
語用論的前提　88
コンテクスト　83

［さ行］

指図　64
三重字　38
残留　134
子音　38
子音記号　38
子音字　38
時間　111
指向性　141
時制　111
　　　～の助動詞　113
指定文　119
自動詞　117
支配　53
終極構成素　45
修飾要素　53, 131
重文　95
縮約　154

樹形図　45
主語・助動詞倒置　102
主語と依存要素の倒置　165
述語　52, 108
述部　52, 108
受動化　102
受動文　100
主要部　51
　　〜の融合　126
主要部欠如構造　54
主要部後位依存要素　127
主要部後位修飾要素　130
主要部属格　127
照応　170
照応形　170
状況参与者　118
情報の新旧　167
情報のパッケージ化　100
情報パッケージ構造　164
小名詞句　49
書記学　6
叙述補部　19
助動詞　110
進行相　113
新情報　168
真理条件　74, 142
真理条件的側面　74
数　128
数量詞　142
制限形容詞　48
静的な（static）記述　103
接辞　61
節接続詞　158
節等位　161
節内部の否定　140
節のタイプ　79
接尾辞　39

節否定　140
前景　166
先行詞　170
前置　102
前置詞残留　134
前置詞付き動詞　120
前置文　100
前提　88
相　113
挿入　163
属性文　119
属格屈折　127
存在文　100

[た行]

対応形　101
ダミーの代名詞　166
単純連鎖構造　159
単節　95
談話内の旧情報　167
談話にとっての新旧　168
抽象名詞　65
直示　170
直接構成素　45
直接補部　125
通時的　2
通時的記述　2
つづり　37
つづり交替　39
定形　110, 148
程度副詞　155
転移主語　166
添加　163
転換　61
伝統文法　43
等位項　55, 161

等位構造　96
等位接続詞　161
同一指標　104
同義的　80
統合型（integrated）の関係節　152
統語機能　167
統語的構成素の重さ　167
統語的プロセス　102
統語範疇　44, 46
統語論　6, 94
動詞句従属接続詞　100
動詞群　111
動的な（dynamic）記述　103
同等比較　155
動名詞・分詞形　109
トークン　58
特殊な目的　4

［な行］

内部依存要素　124
内部補部　116
内容節　148
長い受動文　167
なまり　29
二項枝分かれ　57
二項他動詞　117
二重字　38
能動文　100

［は行］

背景　166
派生　61
裸関係節　151
裸不定詞　110
裸不定詞節　157

発音　37
発語内の意味　78, 79
発話　25
発話行為　146
発話力　146
話し言葉　26
話し手　25
範疇　66
非 r 音なまり　29
非完結　113
非基本形　98
非肯定　142
非真理条件的側面　74
非制限関係節　163
非定形　110, 148
否定の作用域　142
非標準英語　7
非文法性　16
非有界的依存構文　153
標準英語　7
付加疑問　140
不可算　128
複合　61
複合記号　38
複雑自動詞文　118
複雑他動詞文　118
複雑連鎖構造　159
複節　95
複文　95
不定詞節　157
不等比較　155
不変化詞　120
不変化的　59
分析的比較形　155
文法概念　61
文法カテゴリー　113
文法機能　50

文法構造　50
文法的意味論　6
文法的弁別性　71
閉鎖疑問節　149
閉鎖疑問文　145, 146
閉鎖命題　77
平叙文　99
変化語彙素　59
変項　78, 119
変則的　76
母音　38
母音記号　38
母音字　38
法　114
方言　29
法的動詞　113
母型節　100
補足型（supplementary）の関係節　152
補足要素　55, 131, 162
補部　53

［ま行］

未完了　113
短い受動文　167
未来時制　113
無動詞節　157
無標形　109
無標現在形　109
名詞句・前置詞句等位　162
名詞句等位　161
命題　74
　〜の意味　79
命題内容　78
命令節　62
命令法　109

網羅的条件を表す付加部　150
黙字　30
文字　37
モダリティ解釈　114

［や行］

有形物　65
融合　126
融合型（fused）の関係節　152
優勢比較　155
様相の副詞　46
容認性　169
用法事典　11
与格　71

［ら行］

ラテン文法　19
理論　40
レキシコン　6
連結の /r/　31
連鎖　159
連鎖構造　158
連続な複合母音記号　38
論理的含意　74, 76, 86, 90

［英語］

it-分裂文　100
r 音なまり　29
that 関係節　151
to 不定詞　110
to 不定詞節　157
wh 関係節　151

原著者・編集委員長・監訳者・訳者紹介

【原著者】

Rodney Huddleston　クイーンズランド大学　名誉教授

Geoffrey K. Pullum　エジンバラ大学　教授

【編集委員長】

畠山雄二　東京農工大学　准教授

【監訳者】

藤田耕司　京都大学　教授

長谷川信子　神田外語大学　教授

竹沢幸一　筑波大学　教授

【責任訳者】

本田謙介　茨城高専　准教授

【共訳者】

深谷修代　芝浦工業大学　特任准教授

長野明子　東北大学　准教授

「英文法大事典」シリーズ　第 0 巻

英文法と統語論の概観

著　者	Rodney Huddleston・Geoffrey K. Pullum
編集委員長	畠山雄二
監訳者	藤田耕司・長谷川信子・竹沢幸一
訳　者	本田謙介・深谷修代・長野明子
発行者	武村哲司
印刷所	日之出印刷株式会社

2017 年 10 月 22 日　第 1 版第 1 刷発行ⓒ

発行所　　株式会社　開　拓　社

〒 113-0023 東京都文京区向丘 1-5-2
電話　（03）5842-8900（代表）
振替　00160-8-39587
http://www.kaitakusha.co.jp

ISBN978-4-7589-1360-7　C3382

JCOPY ＜（社）出版者著作権管理機構　委託出版物＞

本書の無断複写は，著作権法上での例外を除き禁じられています．複写される場合は，そのつど事前に，（社）出版者著作権管理機構（電話 03-3513-6969，FAX 03-3513-6979，e-mail: info@jcopy.or.jp）の許諾を得てください．